- 年中組からの早期学習にピッタリ！
- 小学校入学までに身につけたい「学習の土台」を築く問題集。
- 豊富な出題パターンでボリューム満点！

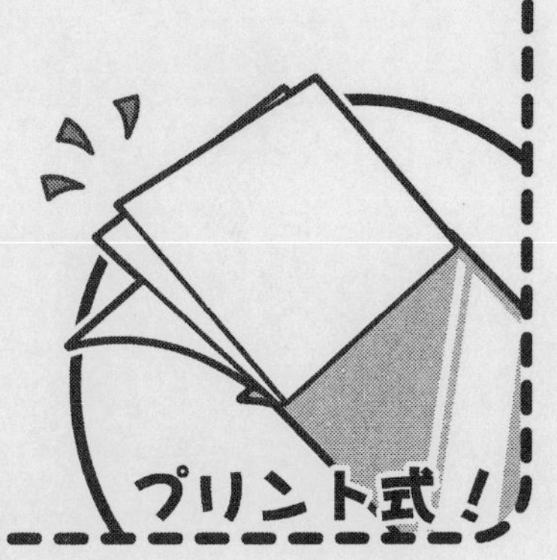

日本学習図書 代表取締役社長
後藤 耕一朗

日本学習図書
http://www.nichigaku.jp

基礎力アップ
トレーニングシリーズ３
比較力アップ

〈はじめに〉

　このシリーズは、お子さまの学力をアップするために必要不可欠な力を身につけることを目的としています。
　お子さまの力を伸ばそうと、いきなり問題集を行う方がいますが、それは効果的な学習とはいえません。賢くなるためには、賢くなるための要素を身につける必要があります。
　弊社に寄せられる質問や講演後の相談で、「何からすればよいのか」「どのように取り組めばよいのか」といった内容が多数寄せられます。
　そのような方に応えるべく、今までにない問題集を制作致しました。易しい内容から徐々にレベルアップするように編集してありますので、どなたも無理なく取り組むことができます。

～ 本書を行うときの５箇条 ～

①. 楽しく行う
②. 片付いた部屋で、出題者は壁を背後に座る
③. お子さまの集中力に合わせて無理なく行う
④. できれば同シリーズの別の問題集と組み合わせて総合的に行う
⑤. 継続して行う

この５箇条を心得た上で取り組んでください。
　また、問題集を解くと子どもが解答を覚えてしまうという経験はありませんか。本シリーズは出題の方法を工夫することで、問題数が何倍にも広がります。そのような使用方法も本文に盛り込んでありますので、安心して何回でも使用できます。
　本書は、シリーズを単体で行う方法もありますが、試験前の基礎力の確認としてもおすすめです。ウォーミングアップとして、楽しみながら取り組んでください。

日本学習図書株式会社
代表取締役
　後藤　耕一朗

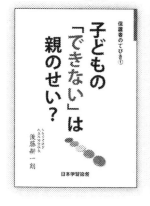

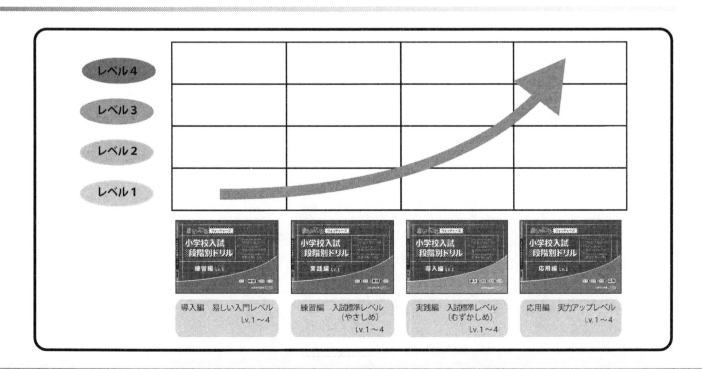

〈使用方法〉

●一言に「比較」といっても、比べる内容はさまざまあります。比べるものによって、着眼点や考え方は違います。本書は、比較の代表的な問題を取り上げ、基本が身につくような構成になっています。

●本書も手軽に行えるように、全問、口頭試問形式で行うように制作しています。

●問題の内容が変わるときは、その分野の説明ページを読んでから進めてください。その学習のポイントや解くときの考え方などが書いてあります。必要であれば、実験をするなど、事前学習を行うと問題をより深く理解できます。

【取り組むときの注意点】

1．周りに気が散るものがないか確認し、環境を整えます。
2．いきなり問題を始めるのではなく、深呼吸や黙想などを取り入れ、落ち着いた状態で始めるようにしましょう。
3．問題を始める前に、これから行う問題がどのようなものか説明をしてください。
4．問題はゆっくり読んでください。
5．間違えたときは、もう一度、問題を読んであげましょう。

※ 慣れないうちは１問毎に確認作業を行いますが、慣れてきたらまとめて行ってもかまいません。

【各ステップの狙い】

1．数　　量 … 単純な数の比較から、簡単な複数の比較まで。
単純比較、和、差など、工夫をすれば種類が豊富に。
2．長　　さ … 棒やひもなどのさまざまな長さを比べます。
3．面　　積 … マス目を利用した広さの比較は、次の水量につながります。
4．水　　量 … まずは実験をして比較を体験し、理解を深めます。
5．重さ比べ … シーソーを用いた重さの比較。難しい分野といわれますが、基本からきちんと学びます。

※１、２の問題数はアレンジ次第でかなりの量になります。

1．数 量

（問題1～15の使用説明）

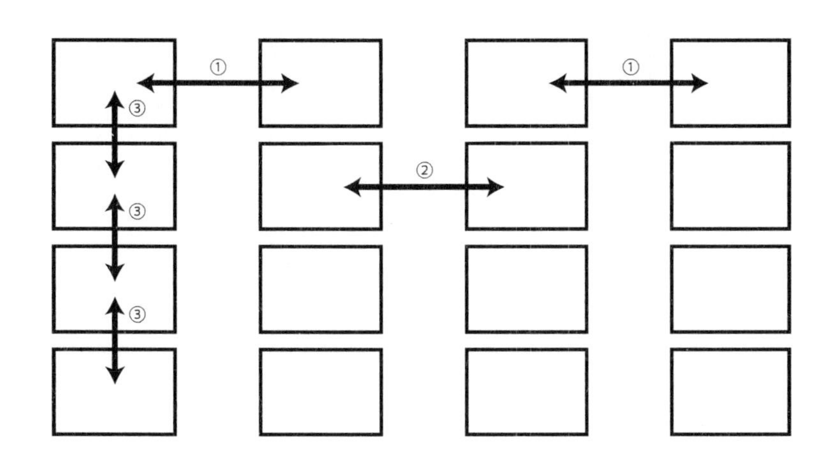

【特徴】

ただ隣り合うものを比較するだけ（上図①のパターン）ではなく、比較するマスを工夫する（上図①～③）ことで、24通りの問題ができます。さらに、問題用紙の向きを回転させることで、設問数は4倍（96問）にもなります。

【進め方】

①１列目と２列目、３列目と４列目を比較します。（上図①のパターン）
　特別な指示がないときは数えても構いません。（上図①のパターン）
②２列目と３列目を比較します。（上図②のパターン）
③各列の上下を比較します。（上図③のパターン）
④次のページの問題に進みます。
⑤問題用紙を90度回転させて、①～④を繰り返します。（右に90度回転）
⑥回転した状態でやり終えたら、また90度回転させて①～④を繰り返します。
　（上下逆さまになった状態）
これを４方向行います。（問題１～６は２方向のみ）

【応用問題にチャレンジ】「進め方」と同様に行う

●問題１～15

問う内容をアレンジすることで、問題数さらに広がります。

・少ない方はどちらでしょう。指で指してください。
・比べたときの差はいくつですか。口で答えてください。

●問題11～15

マークを指定して比較してみましょう。「聞く力」が必要になり、学習の幅が広がります。

2. 長 さ

（問題16～26の使用説明）

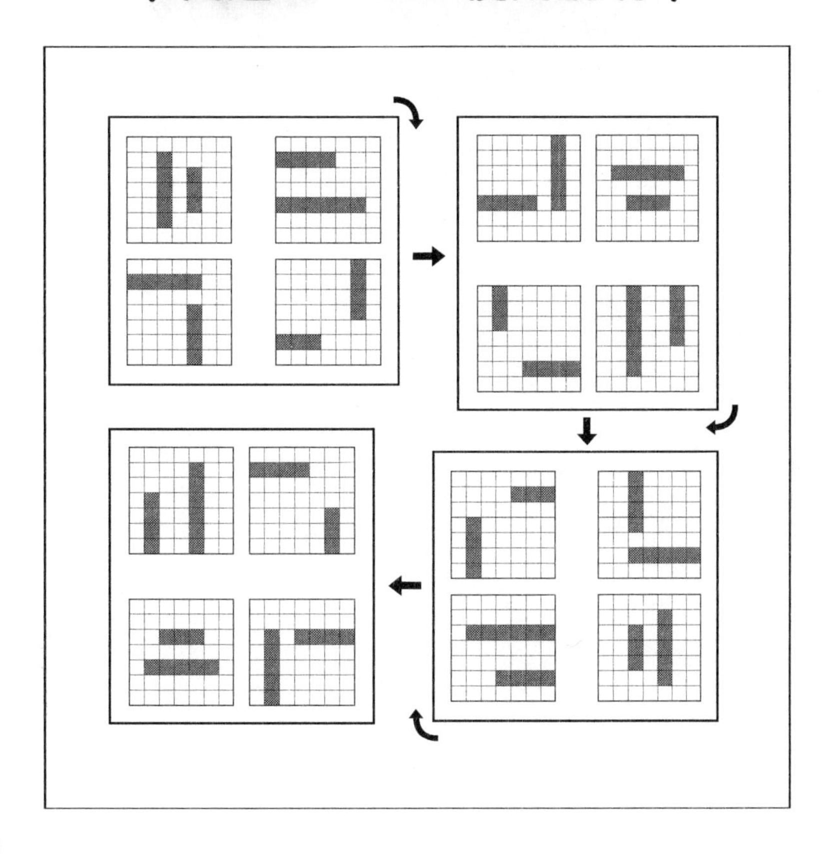

【特徴】

比較するものが、マス目の上に描いてあるため比較をしやすい。
さまざまなものの長さを比べることで力がつく。
同じようなものを繰り返し比較することで解き方のポイントがわかる。
問題を回転させることで、問題のパターンが４倍に増える。

【進め方】

①各ページの問題をそのまま解きます。
②４問終わったら、次のページの問題を解きます。
③次に、問題用紙を90度回転させて①②を繰り返します。
問題を回転させて解くことで、描いてある絵の向きが変わり違う問題にアレンジできます。
④実際にひもなどを使用して、長さの違いを検証してみましょう。

【応用問題にチャレンジ】　「進め方」と同様に行う

①それぞれの四角の中で一番短いものはどれですか。
②一番長いものと一番短いものは、マスいくつ分違いますか。
③（１枚の問題を見て）この中で同じ長さのものを指で指してください。
アレンジでも問題を回転させて４パターン行います。
④同じ長さにするには、あとどれくらい足りませんか。

３．面　積

（問題27～31の使用説明）

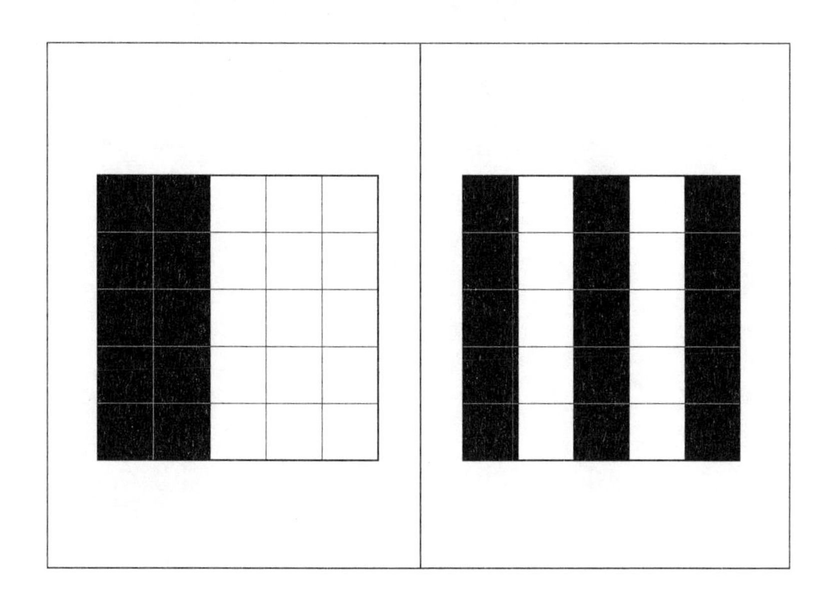

【特徴】

絵を切り離して使用することでバリエーションが増える。
マス目が描いてあるため、比較がしやすい。
目で見て比較ができるようにする。

【進め方】

①各ページの問題をそのまま行います。
②次に、問題用紙を90度回転させて①②を繰り返します。
③長さの比較と同様に、４方向回転させて行いましょう。
※回転させることで見え方が変わり、違う問題になります。

【応用問題にチャレンジ】　「進め方」と同様に行う

①黒と白の部分はどちらが広いですか。
②左右の絵を比べて、黒の方が広いのはどちらですか。
③問題の絵をシャッフルして②の問題を繰り返す。

こんなやり方もできる！
（準備）

１．４方向回転させたら、問題を太線に沿って切り離しカードにします。
２．切り離したら、絵の裏側に鉛筆で問題の番号、どちらが上かが分かるように書いておきましょう。
３．さまざまな組み合わせで比較をします。

４－１．水　量

（問題32～35の使用説明）

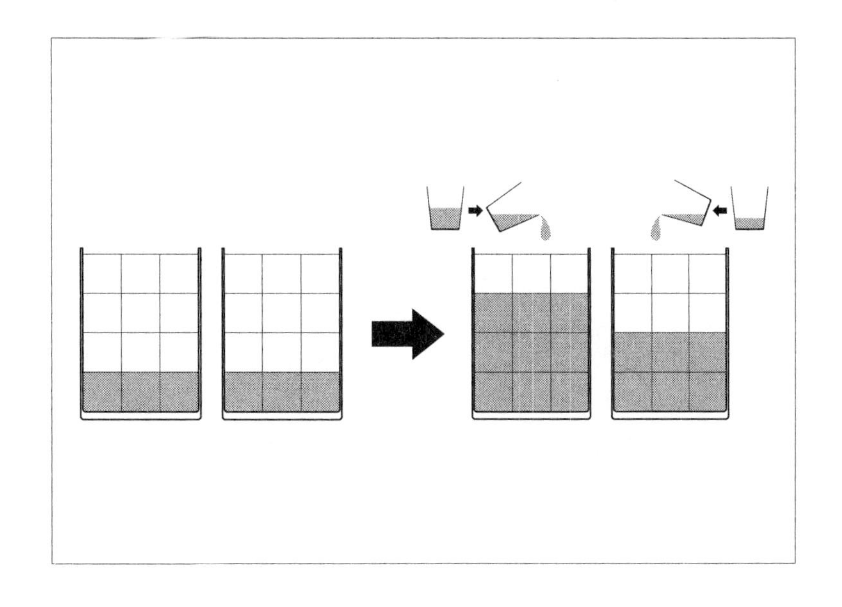

【特徴】

比較しやすいように、マス目に比較対象物が描いてあります。
そのマスを利用して２つの水の量を比較しましょう。
少ない方はどちらかという質問も有効です。

【学習方法】

実験をしよう！　まず、透明で同じコップを２つ用意します。

①２つのコップに同じ量の水を入れ、高さを確認します。
②次に、２つのコップに量の違う水をそれぞれ入れた時の高さを予想します。
③実際に水を入れ、コップの水の高さの違いを確認します。
④水の量が多いのはどちらかを聞きます。その理由も聞きましょう。
⑤コップの大きさを変えたり、氷を入れたりなど、さまざまなパターンで試してみましょう。

【応用問題にチャレンジ】　「進め方」と同様に行う

問う内容をアレンジすることで、問題数はさらに広がります。

・少ない方はどちらですか。指で指してください。
・このコップに、同じ水の量を入れると、どちらが高く（低く）なりますか。どうしてそう思いましたか。

4－2. 水　量

（問題36～39の使用説明）

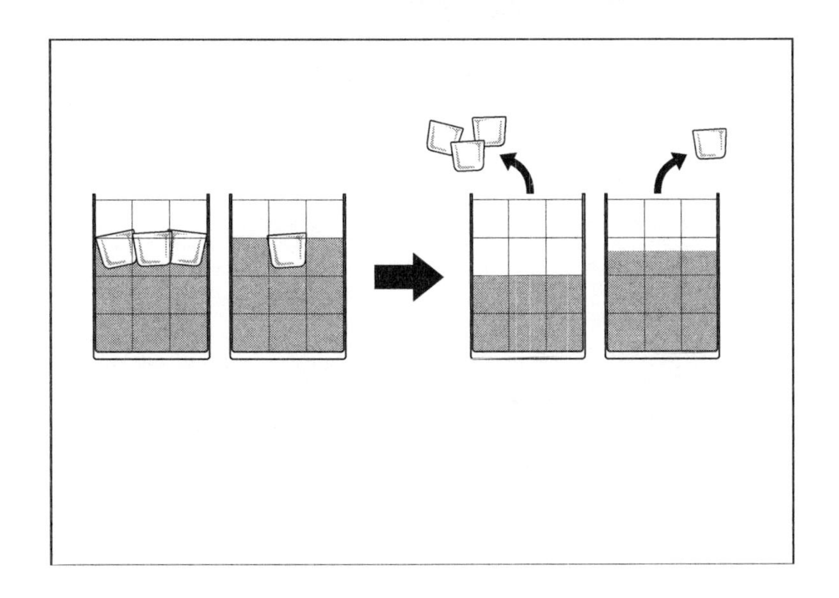

【特徴】

実際にものを操作し、氷を取ると水の量がどのように変化するのかを把握します。実験をすることでイメージがしやすくなります。

まずは同じコップで試します。発展として、氷を足したとき、水の量がどのように変化するのかも学習しましょう。

【学習方法】

まず、透明で同じコップを２つ用意します。

①２つのコップに、それぞれ違う数の氷を入れます。

②次に同じ高さになるように水を入れます。

③それぞれのコップから氷を取ると、水の高さがどうなるかを予想します。

④コップから氷を取り出し、水の高さがどうなったかを確認します。

⑤氷の量と水の高さの関係性について話しましょう。

【応用問題にチャレンジ】

●問題36～39

問う内容をアレンジすることで、問題数はさらに広がります。

・少ない方はどちらですか。指で指してください。

●問題36～37

・氷を何個入れると（取ると）水の高さが同じになりますか。

5－1．　重さ比べ
（問題40～44の使用説明）

【シーソーを理解しよう】
　シーソーの問題は難しく、さまざまなパターンの問題が存在します。中には、難易度が非常に高い問題もあります。しかし、難問でも、基本をしっかりと理解し、落ち着いて取り組めば解くことができます。
　シーソーは、重いものは下がり、軽いものは上がります。この基本をしっかり理解していれば、あとはこの作業を繰り返していくだけです。

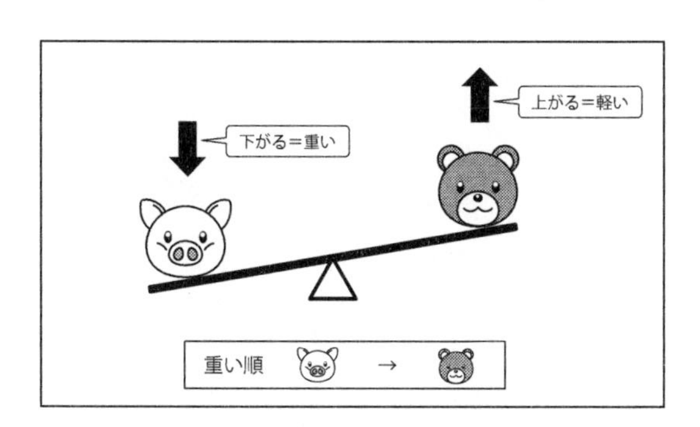

　ブタとクマを見ると、ブタが下がり、クマが上がっています。
　上のルールに当てはめると、
　下がる＝重い→ブタ
　上がる＝軽い→クマ
　重い順番に並べると、ブタ→クマの順になります。

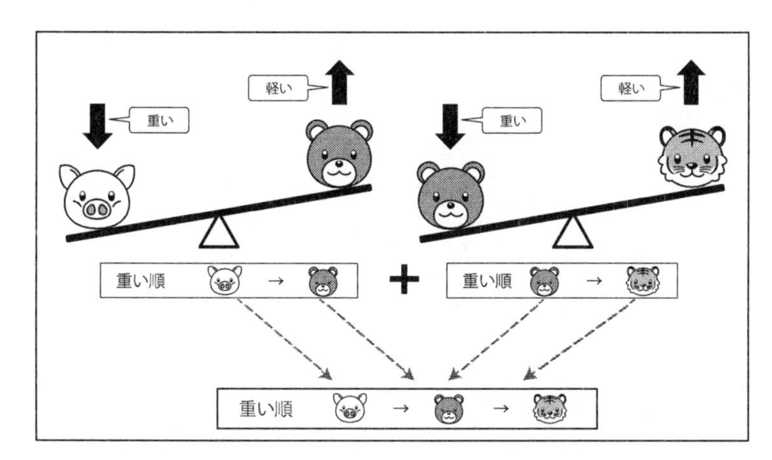

　２つのシーソーでも、基本の考え方は同じです。
　左は、重い順にブタ→クマ、右は、重い順にクマ→トラになります。

　重いものは下がり、軽いものは上がることから、
　下がったままのものはブタ、上がったままのものはトラになります。
　これで、一番重いものと、軽いものが決まります。
　クマはブタより軽く、トラより重いということになります。

5－2．　重さ比べ

（問題40～44の使用説明）

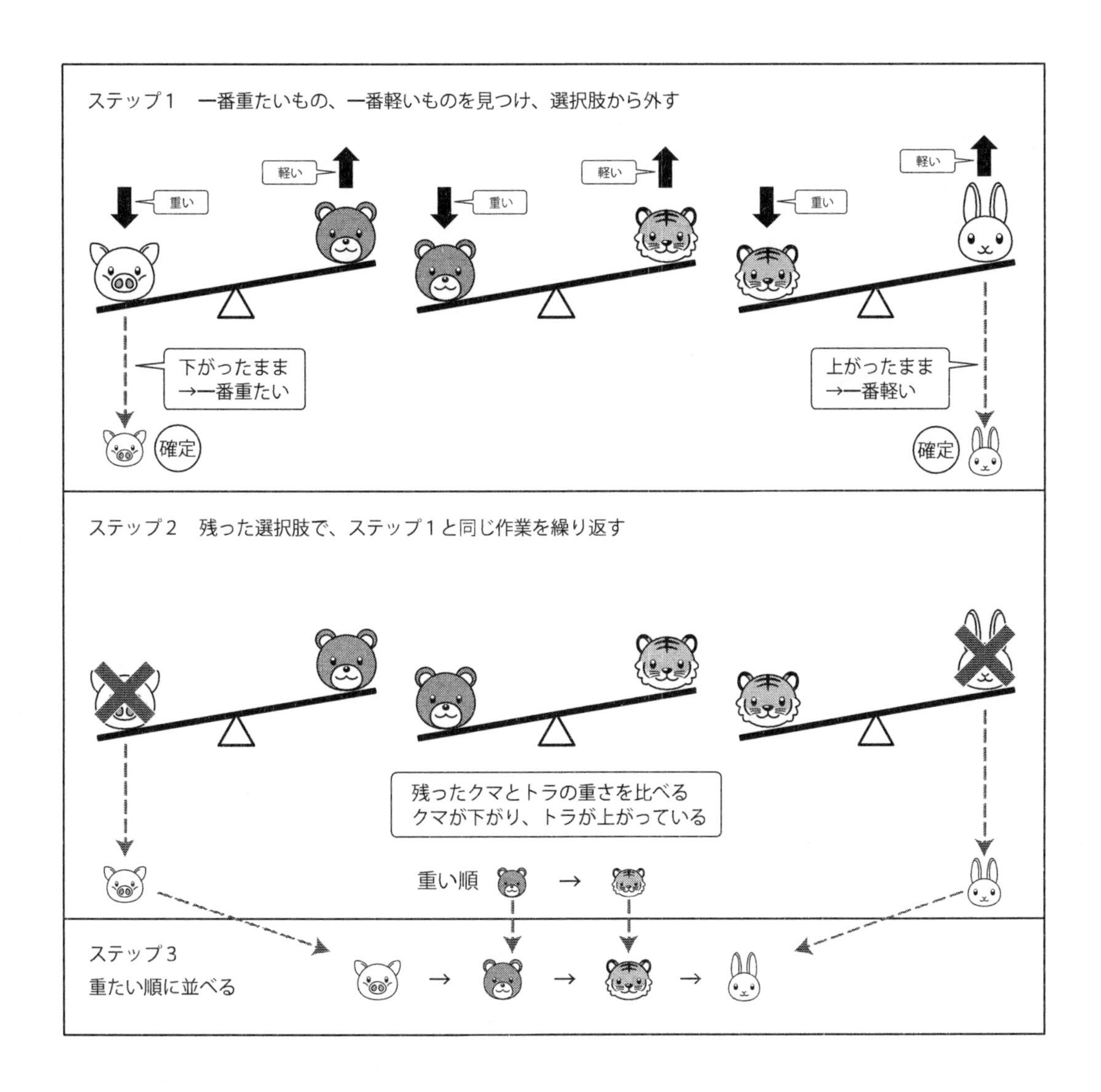
ステップ１　一番重たいもの、一番軽いものを見つけ、選択肢から外す
重い
軽い
下がったまま
→一番重たい
上がったまま
→一番軽い
確定
ステップ２　残った選択肢で、ステップ１と同じ作業を繰り返す
残ったクマとトラの重さを比べる
クマが下がり、トラが上がっている
重い順
ステップ３
重たい順に並べる

【応用問題にチャレンジ】

（問題40・41）

１．軽い方はどちらですか。

（問題42～44）

１．どれが一番軽いですか。

２．重い順番に並べてください。

問題 1　数える

2つを比べた時に、数が多い方を言ってください。

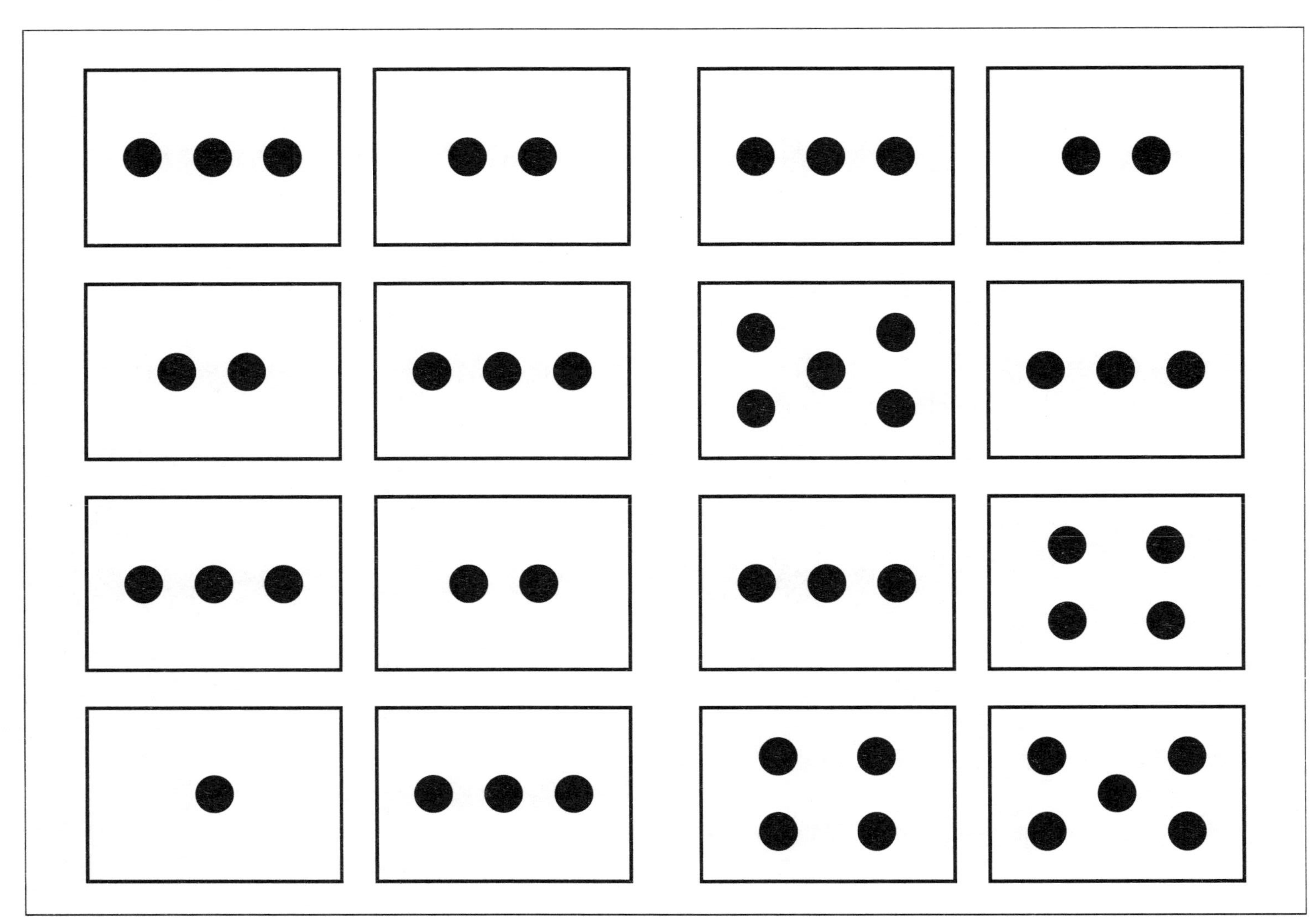

問題２ 数える

２つを比べた時に、数が多い方を言ってください。

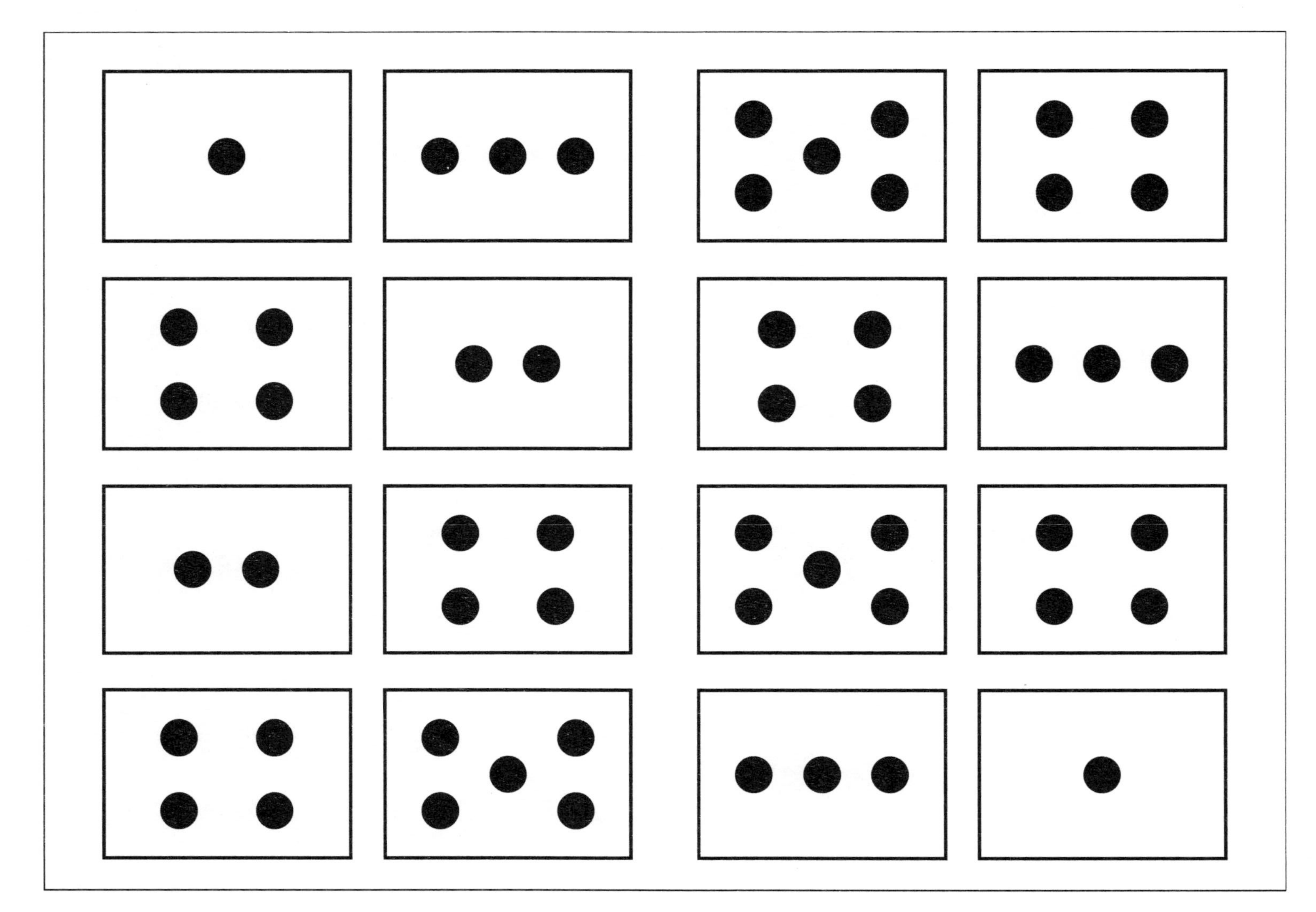

問題3 数える

2つを比べた時に、数が多い方を言ってください。

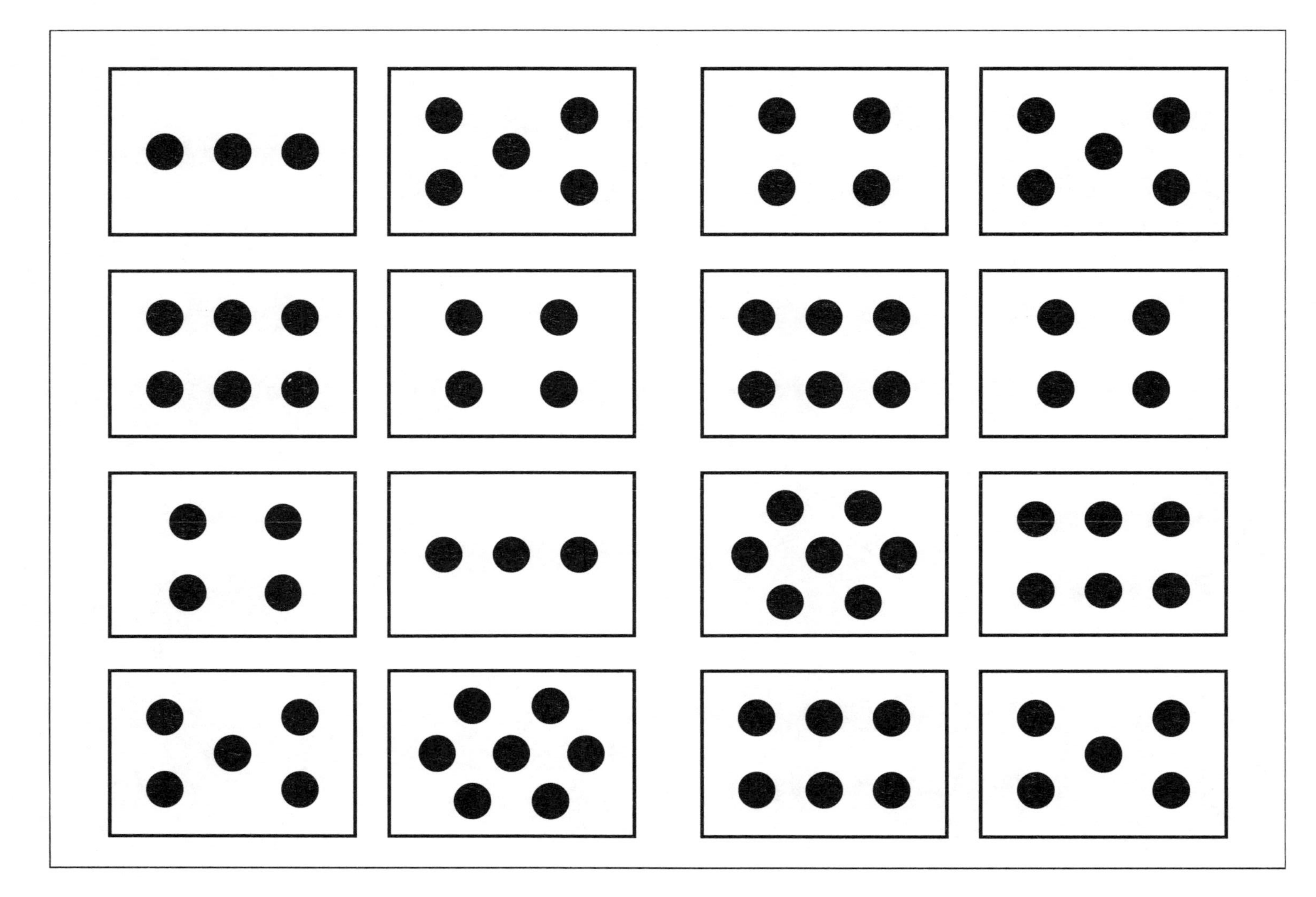

問題4 数える

今度は数えずに、見て判断してください。２つを比べた時に、数が多い方を指で指してください。（１問３秒以内）

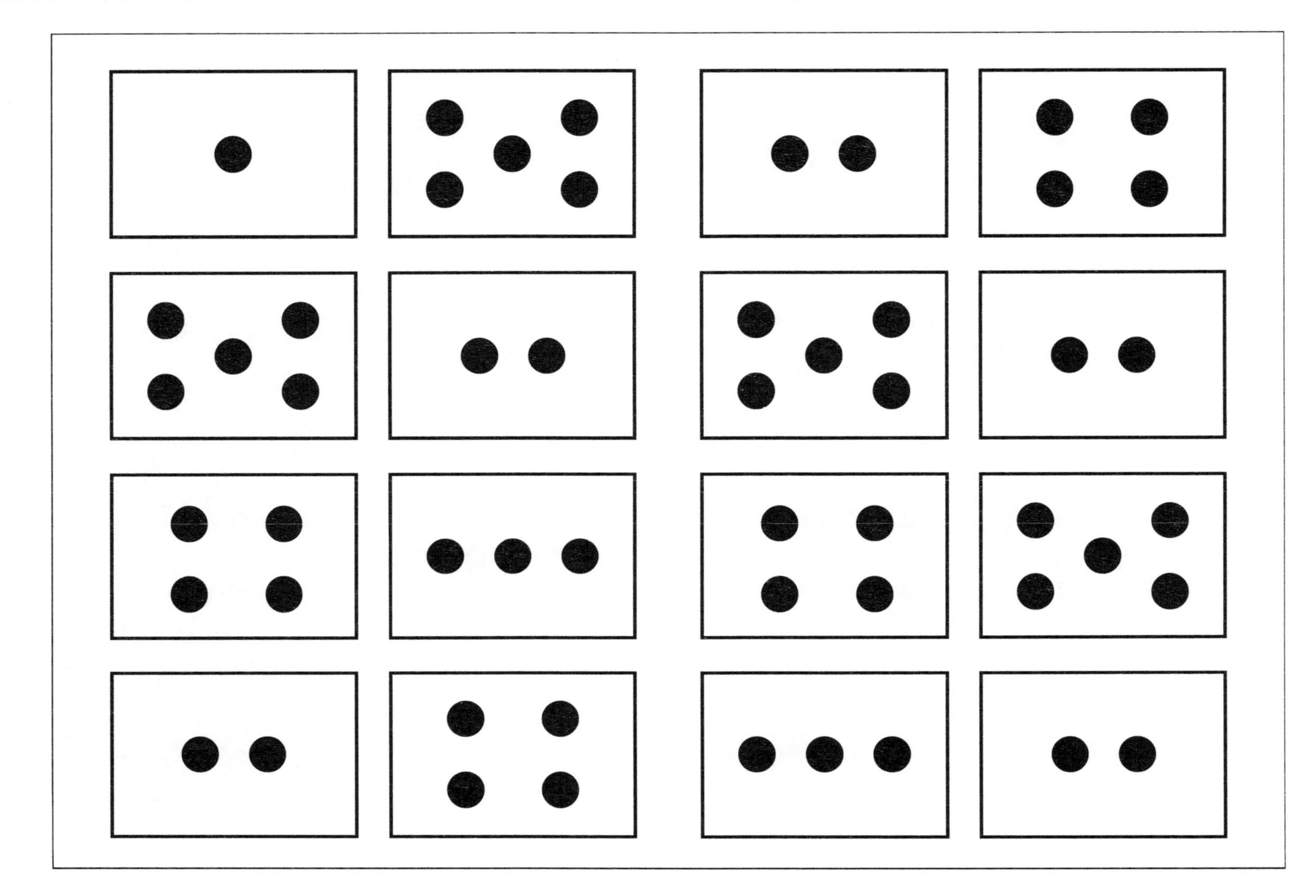

問題5 数える

今度は数えずに、見て判断してください。２つを比べた時に、数が多い方を指で指してください。（１問３秒以内）

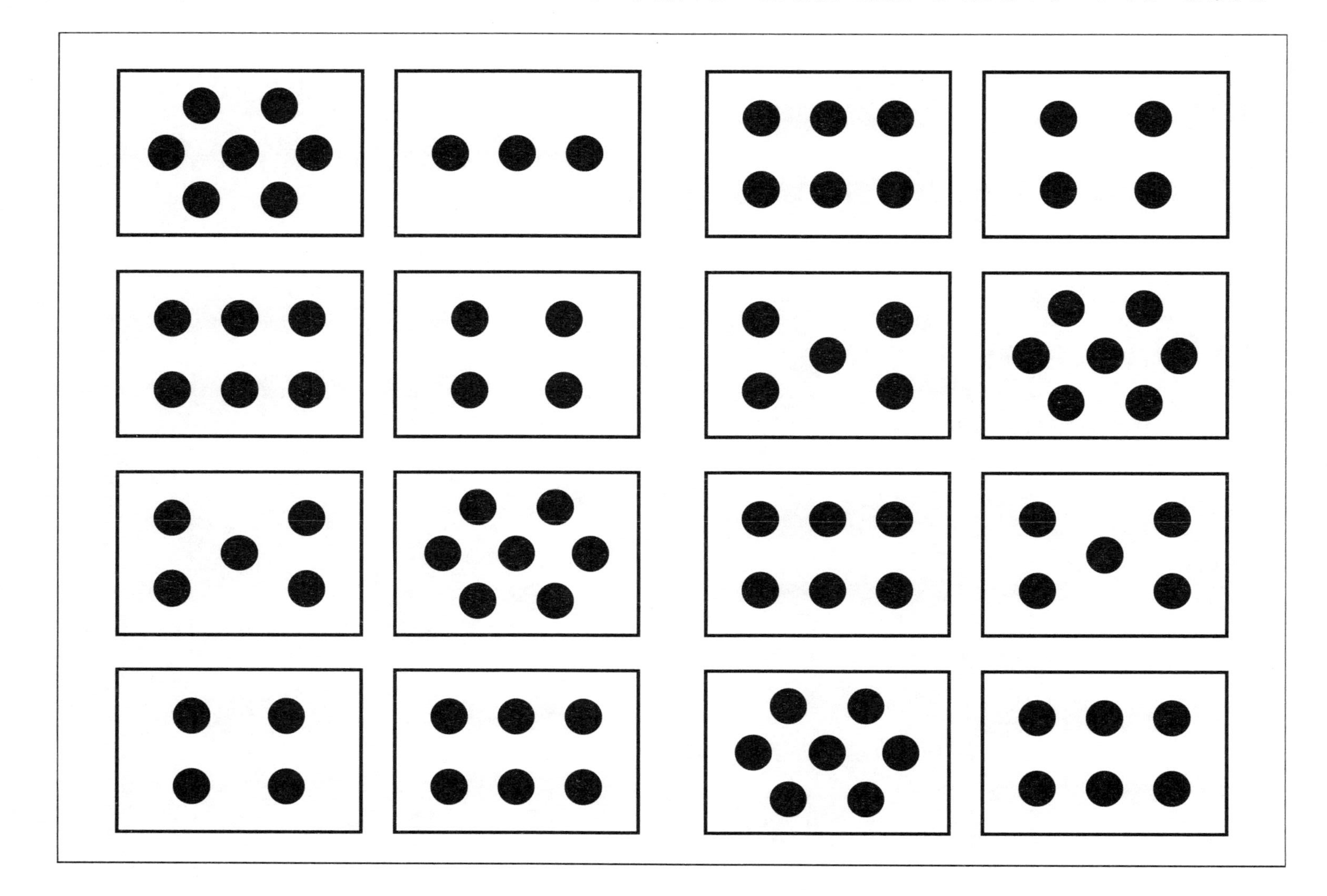

問題6 数える

2つを比べた時に、数が多い方を言ってください。

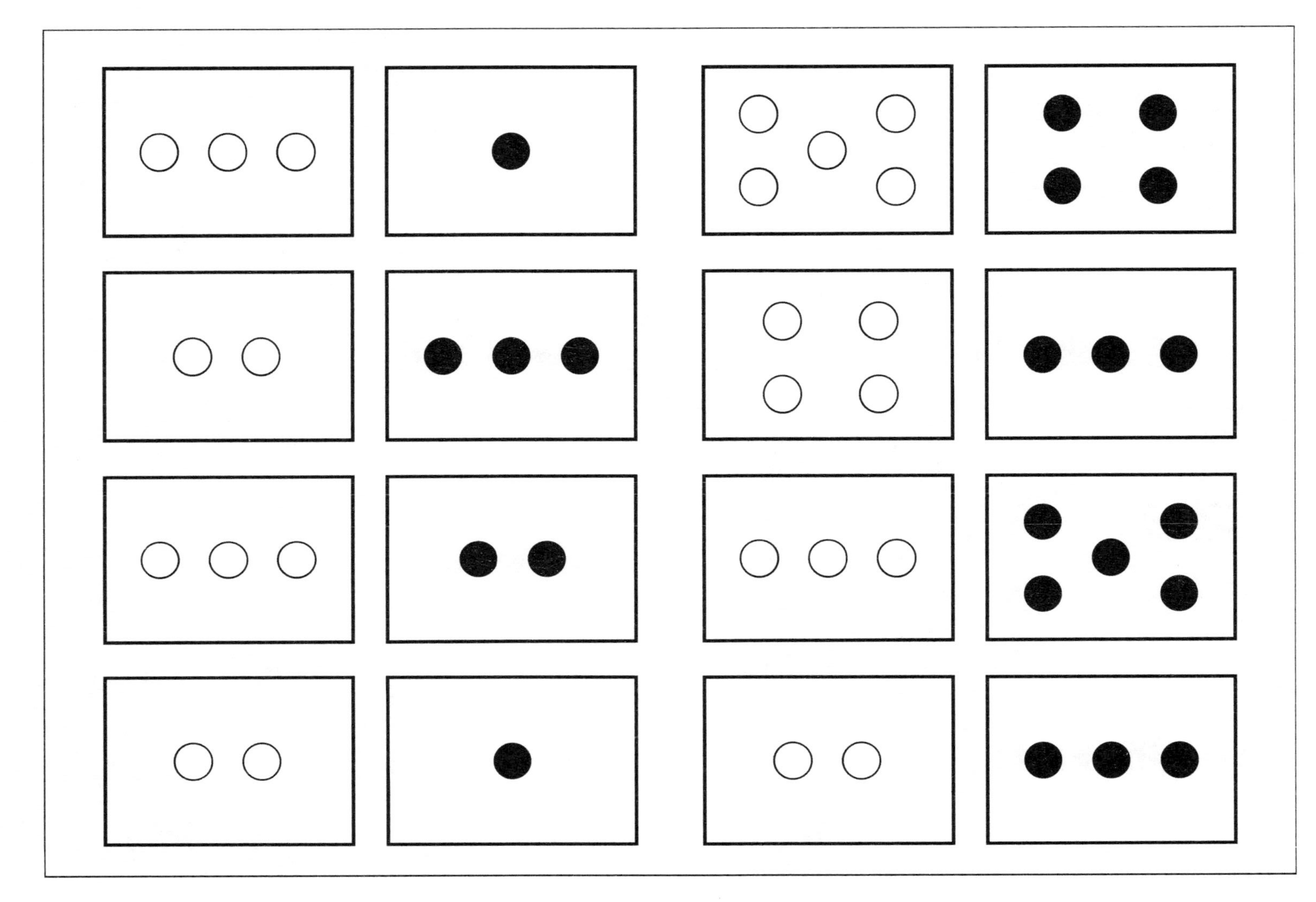

問題7 数える

2つを比べた時に、数が多い方を言ってください。

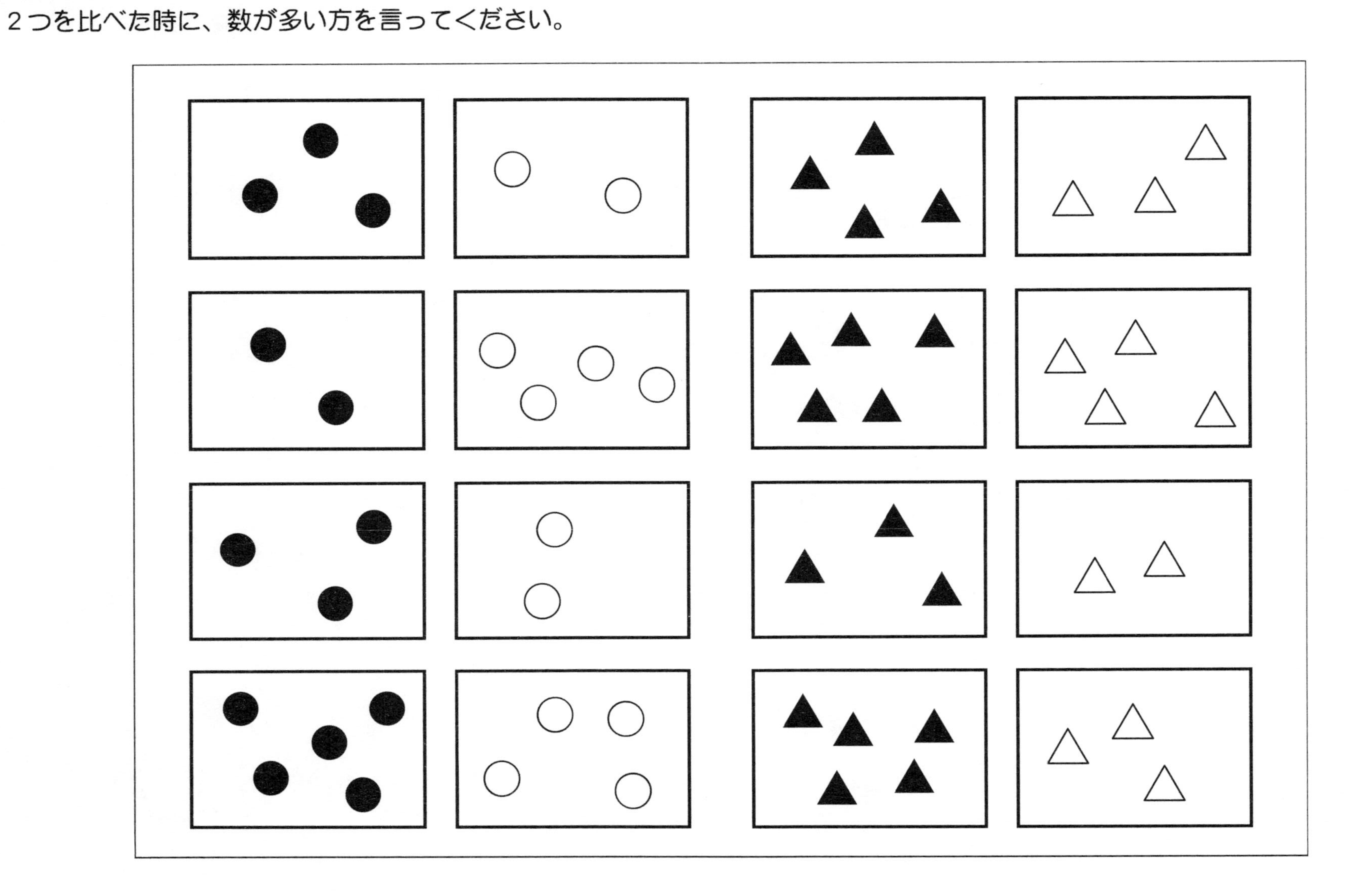

問題8 数える

2つを比べた時に、数が多い方を言ってください。

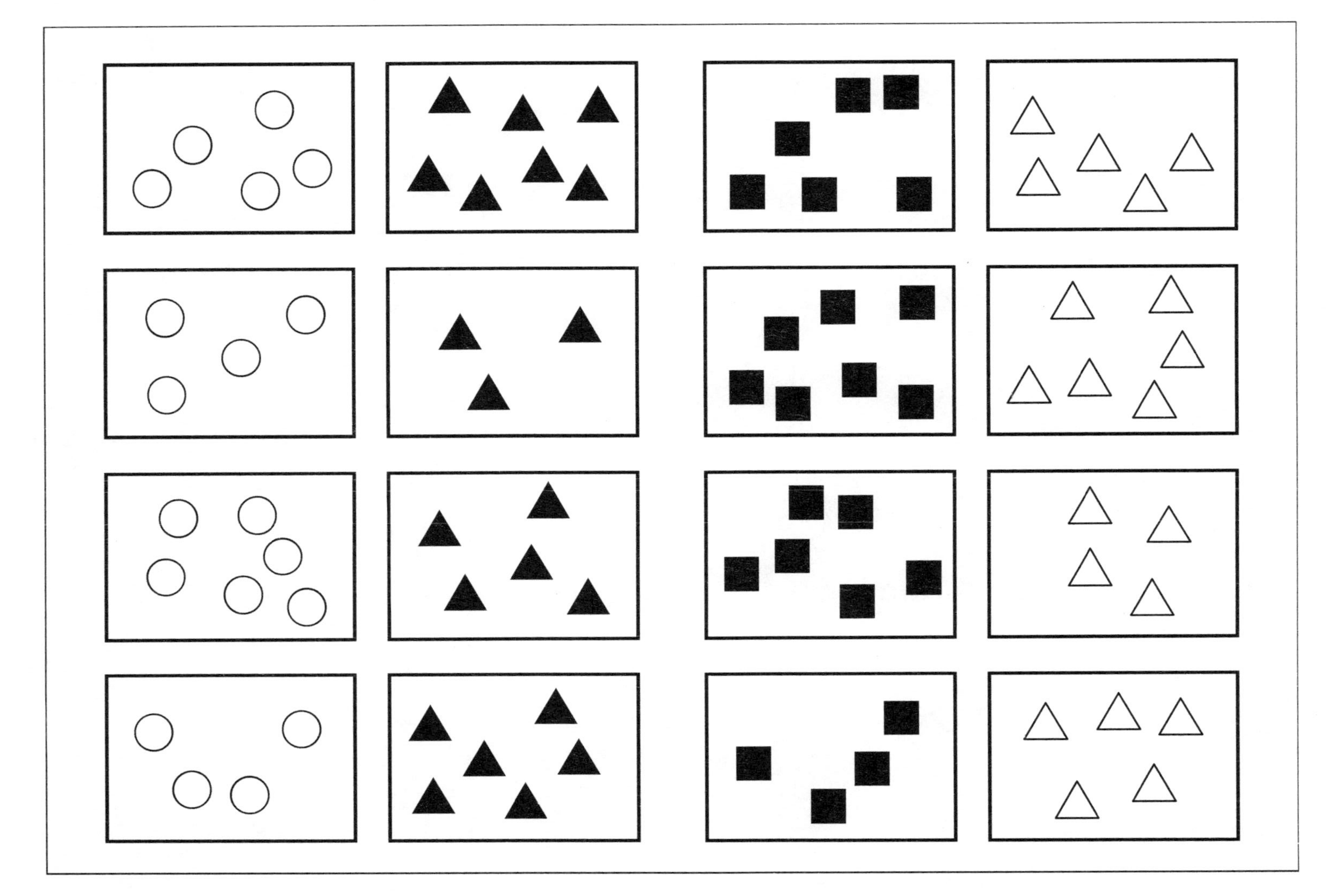

問題9 数える

今度は数えずに、見て判断してください。２つを比べた時に、数が多い方を指で指してください。（１問５秒以内）

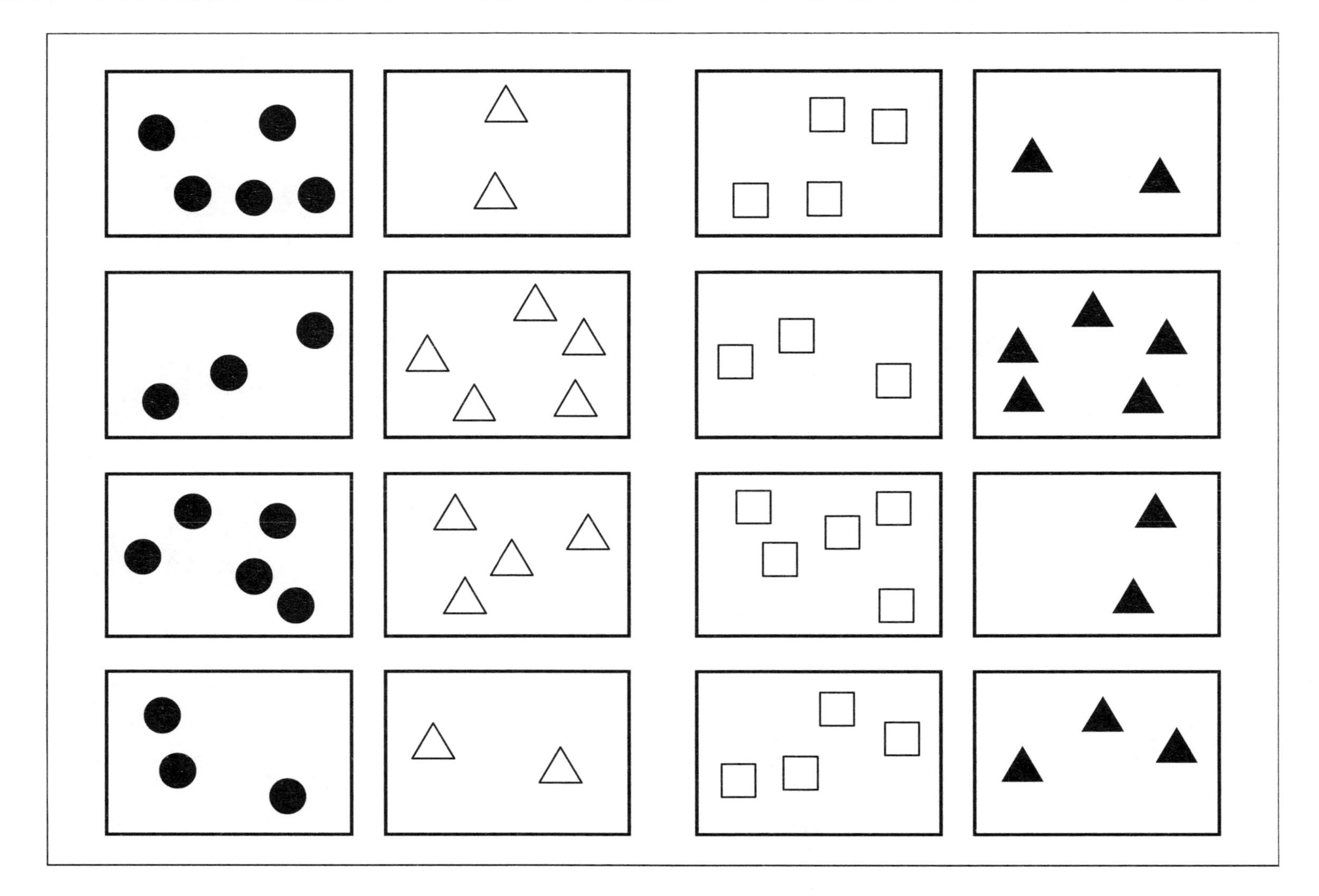

問題10 数える

今度は数えずに、見て判断してください。２つを比べた時に、数が多い方を指で指してください。（１問５秒以内）

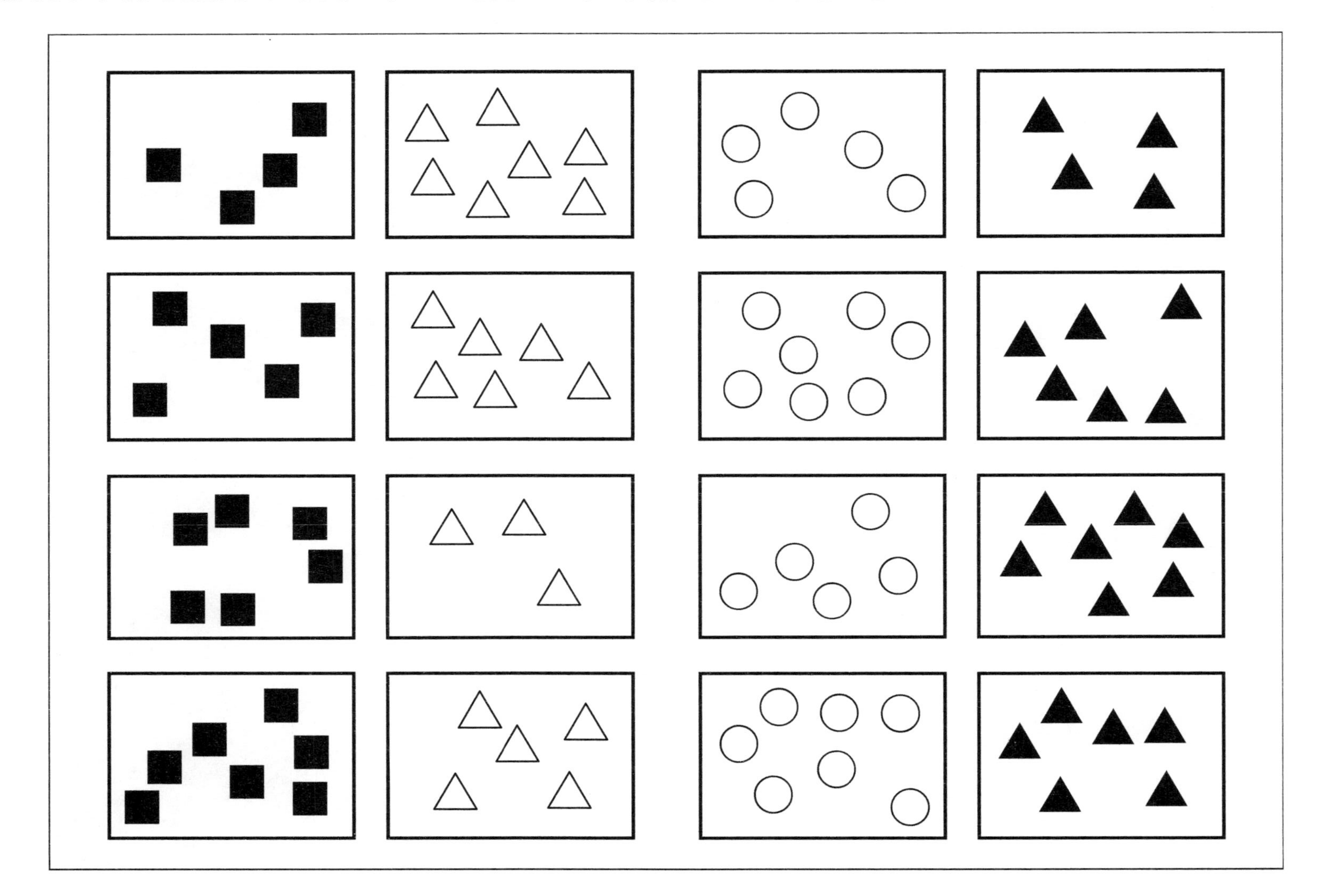

問題11 数える

２つを比べた時に、数が多い方を言ってください。

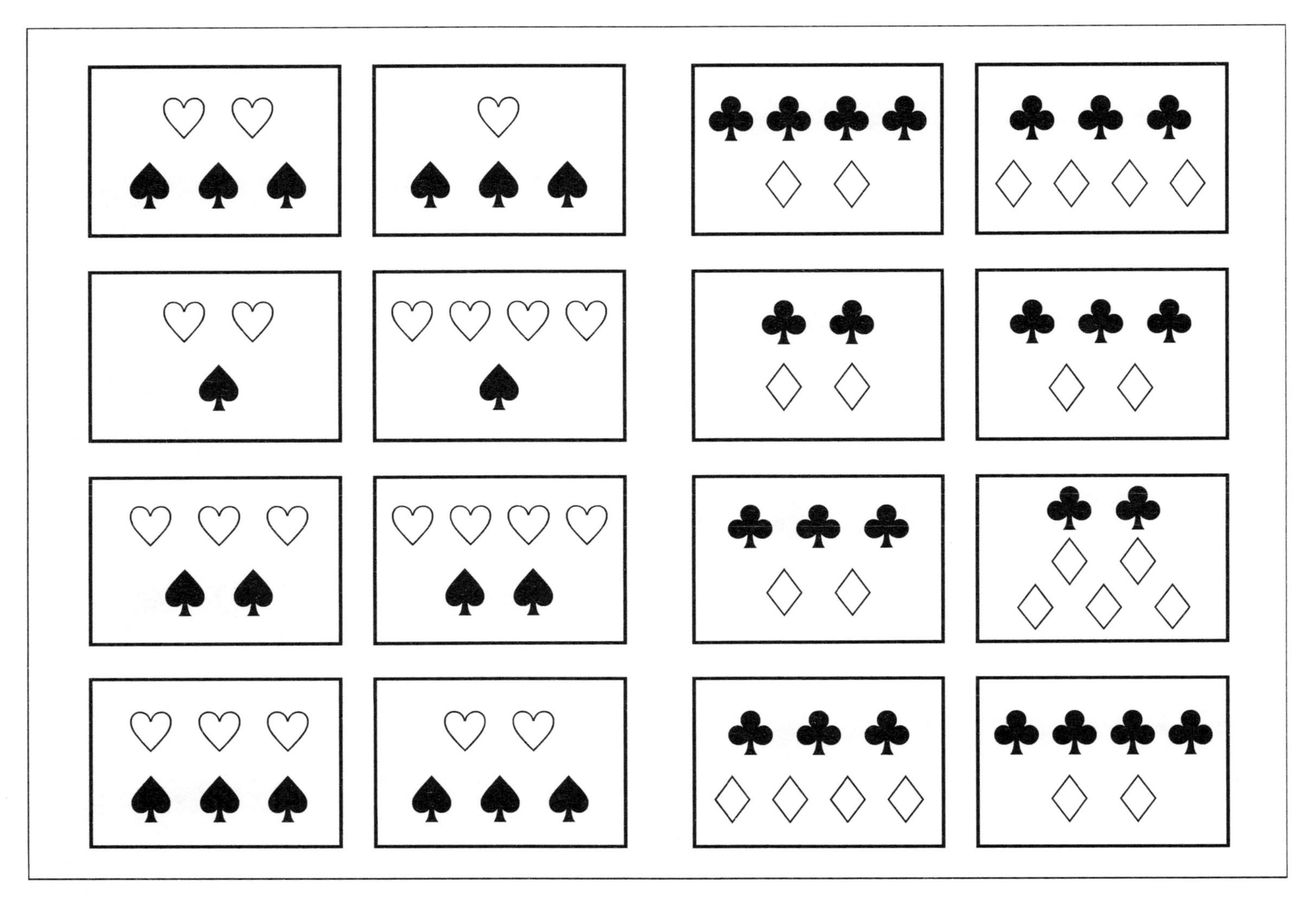

問題12 数える

２つを比べた時に、数が多い方を言ってください。

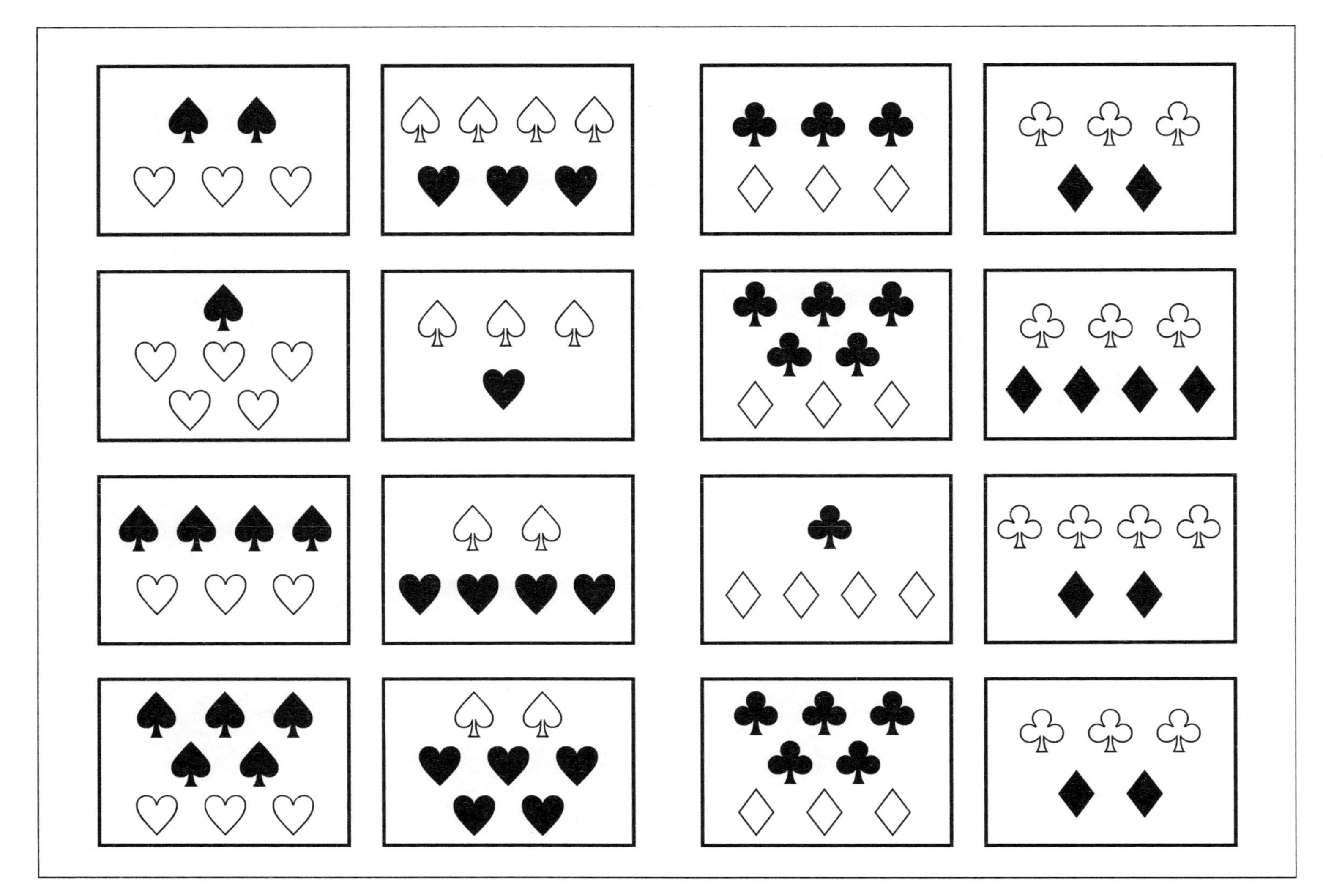

問題13 数える

2つを比べた時に、数が多い方を言ってください。

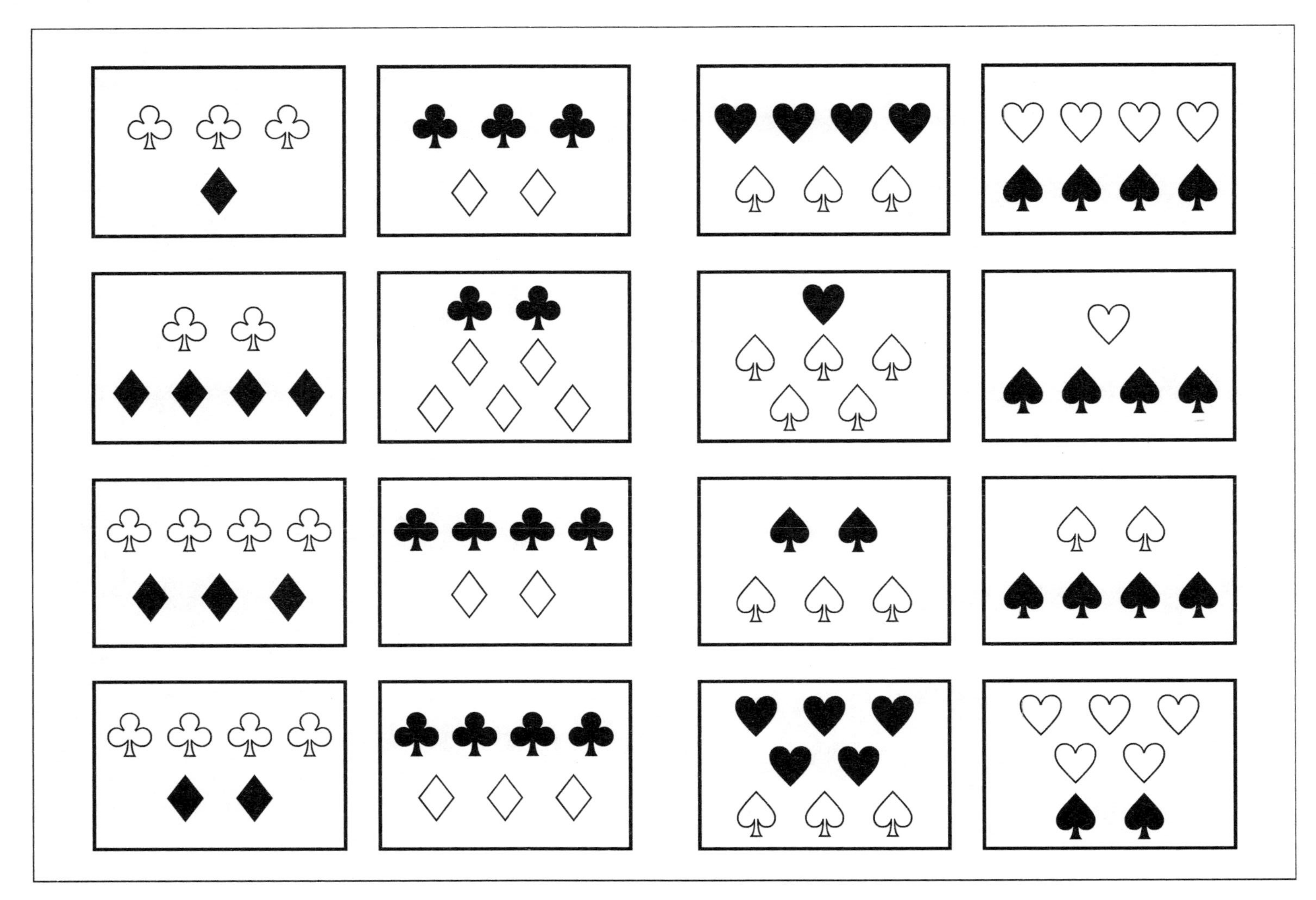

問題14 数える

2つを比べた時に、数が多い方を言ってください。

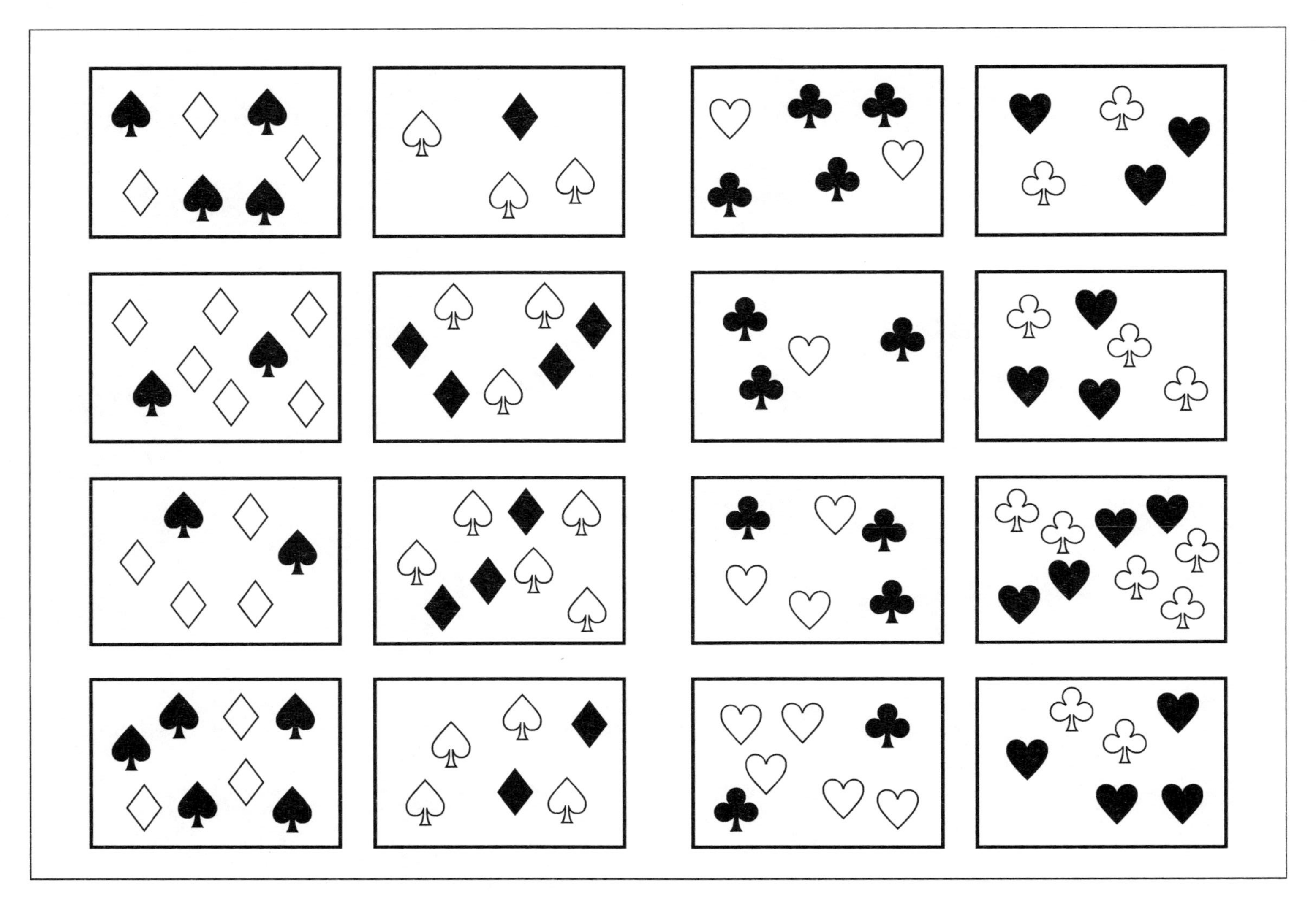

問題15 数える

2つを比べた時に、数が多い方を言ってください。

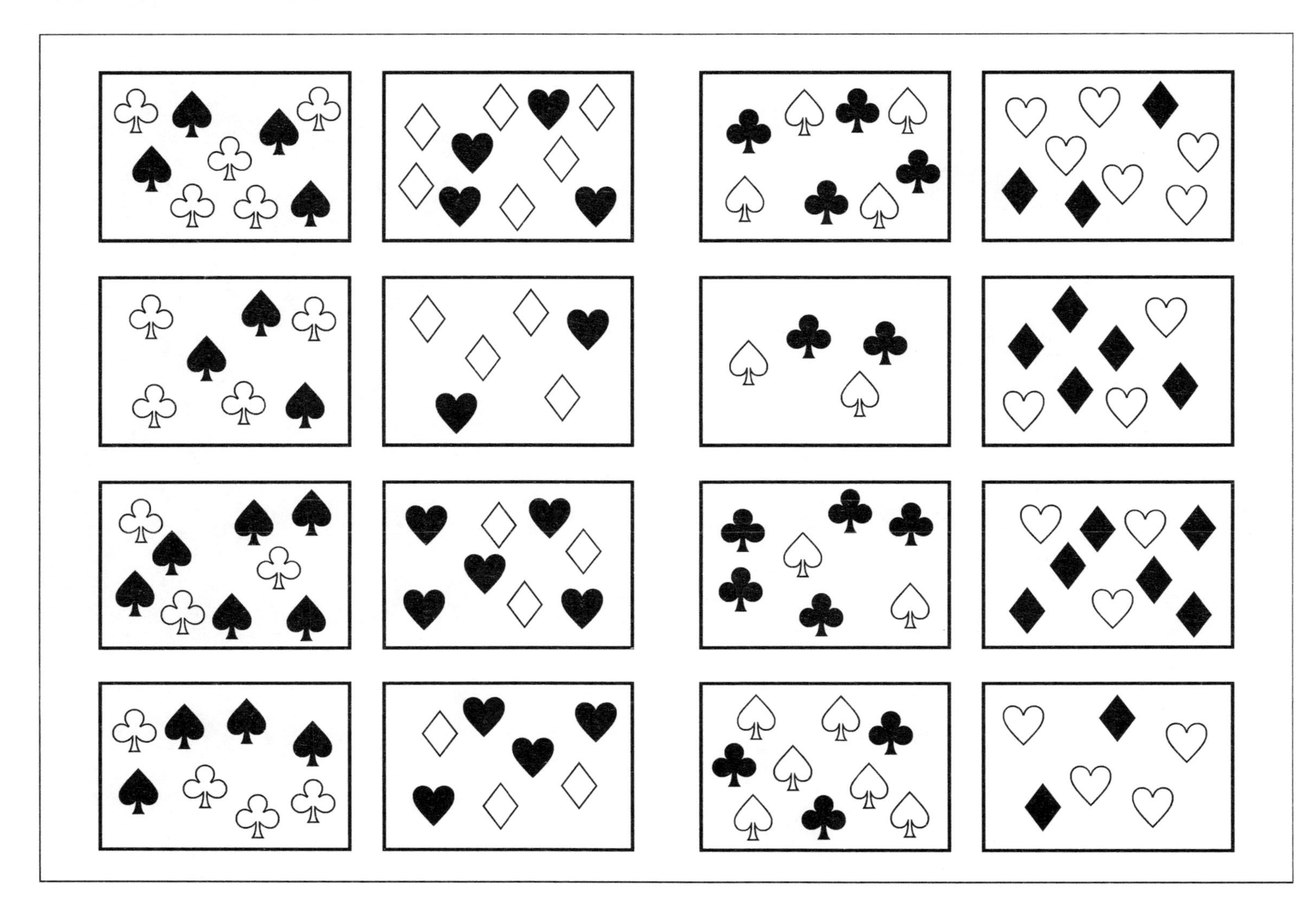

問題16 棒の長さ

棒の長さを比べた時に、長い方を指で指してください。

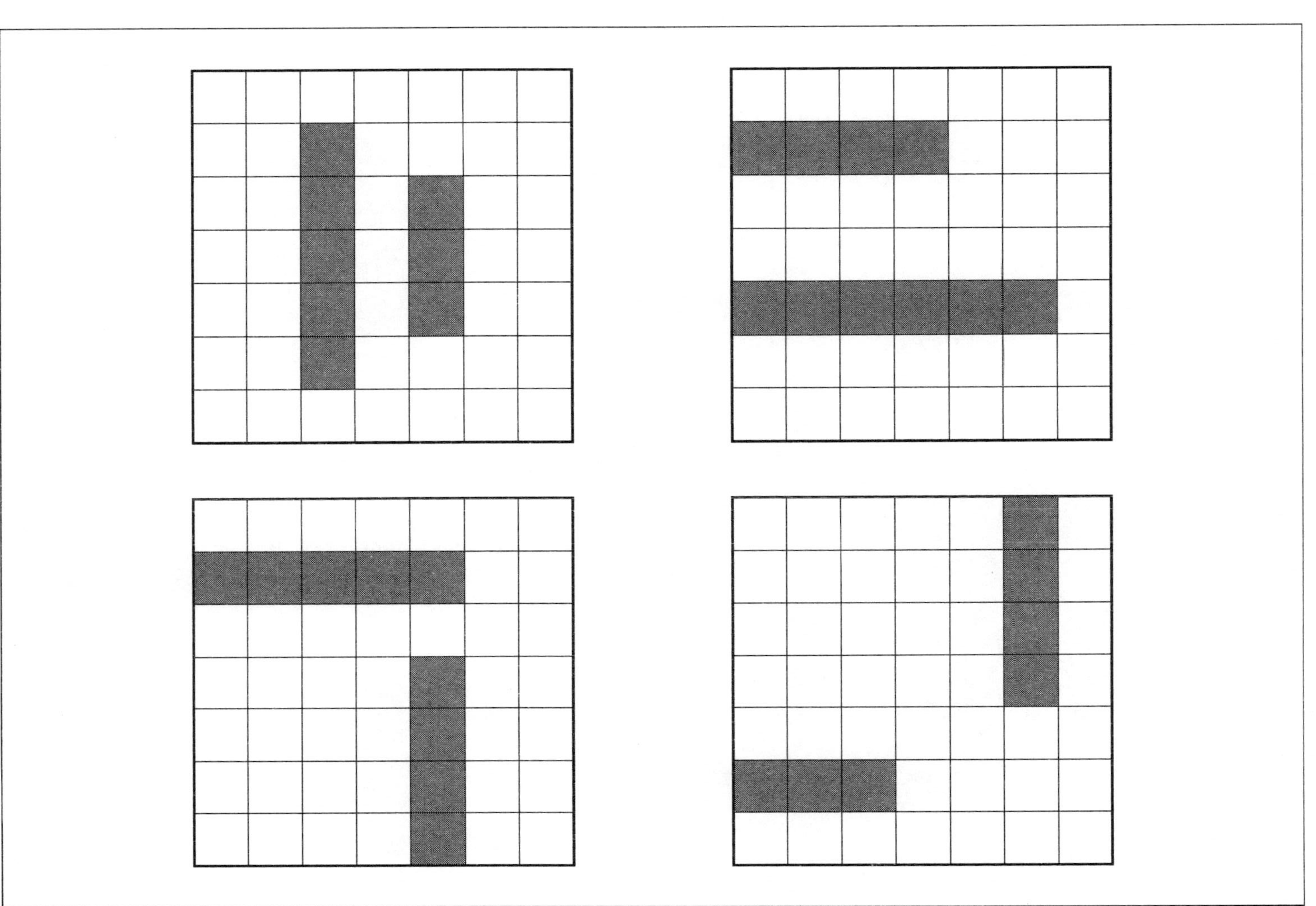

問題17 棒の長さ

棒の長さを比べた時に、一番長い棒を指で指してください。

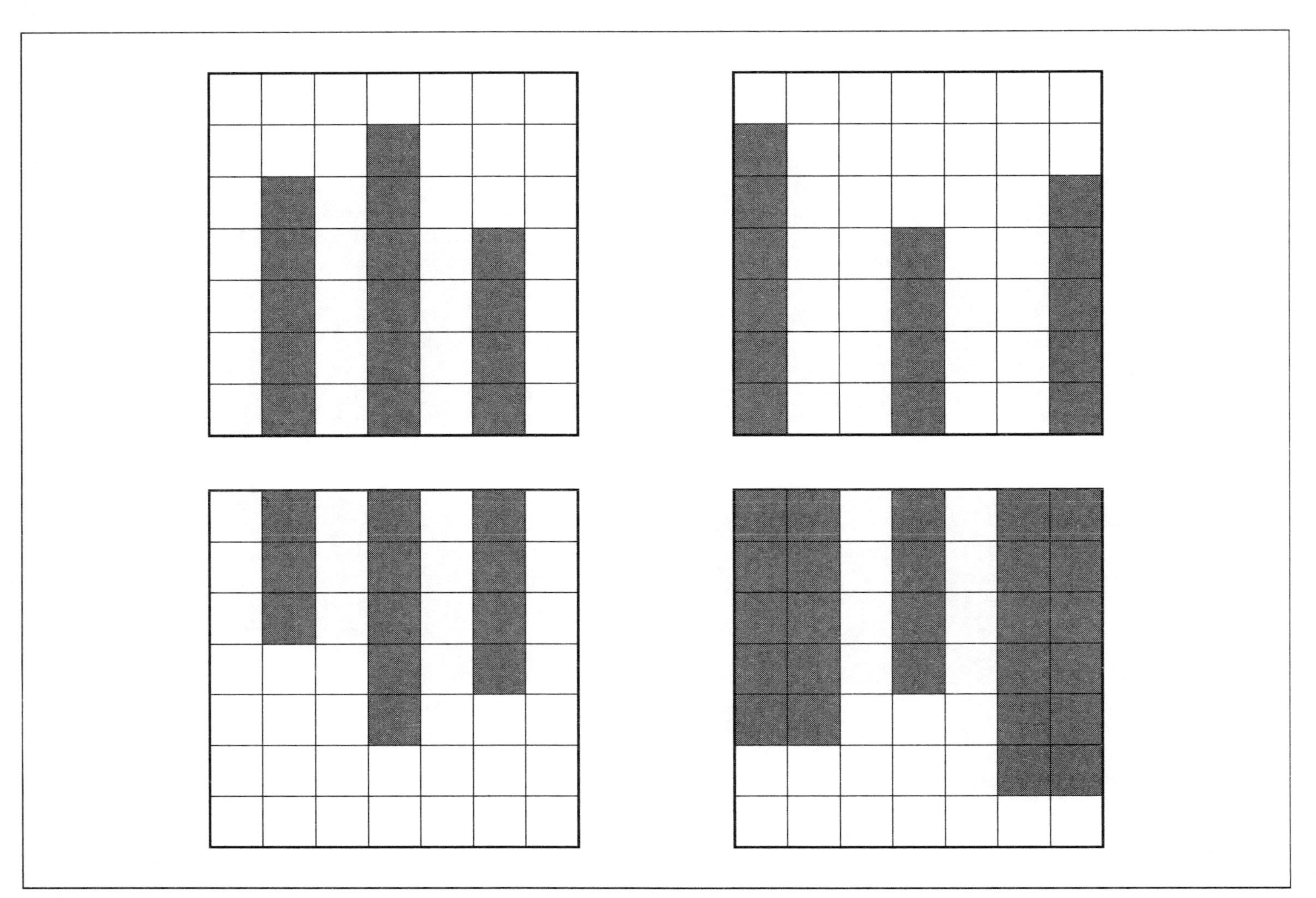

問題18 棒の長さ

棒の長さを比べた時に、一番長い棒を指で指してください。

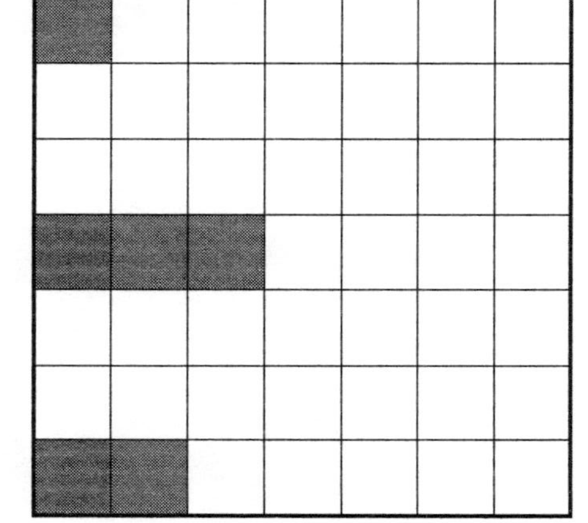

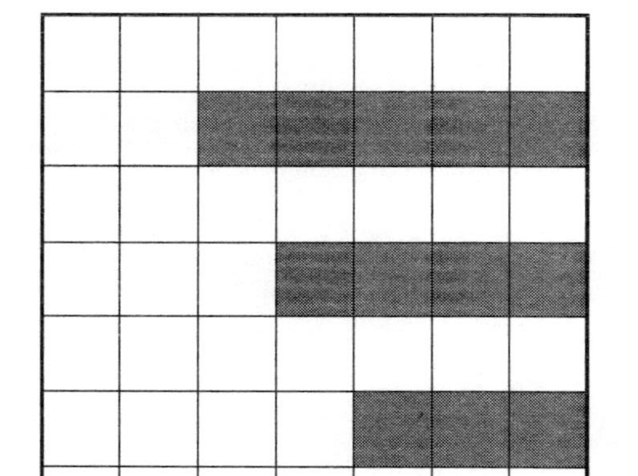

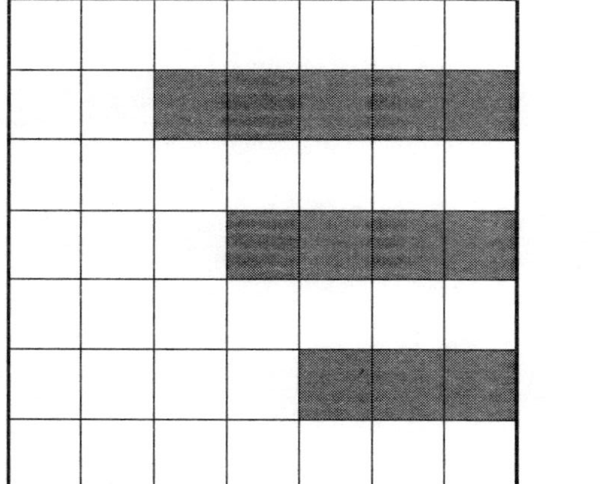

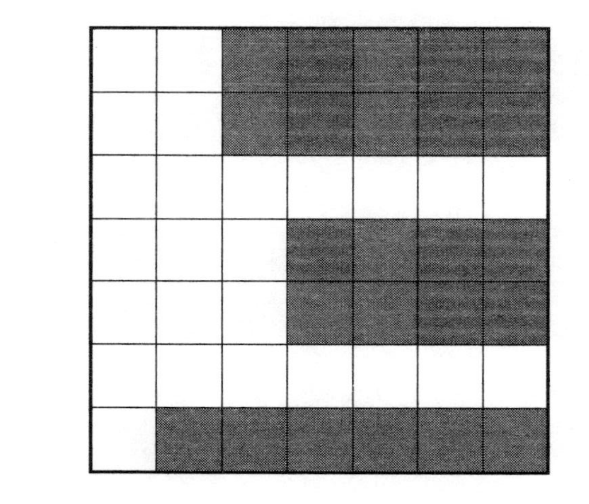

問題19 棒の長さ

棒の長さを比べた時に、一番長い棒を指で指してください。

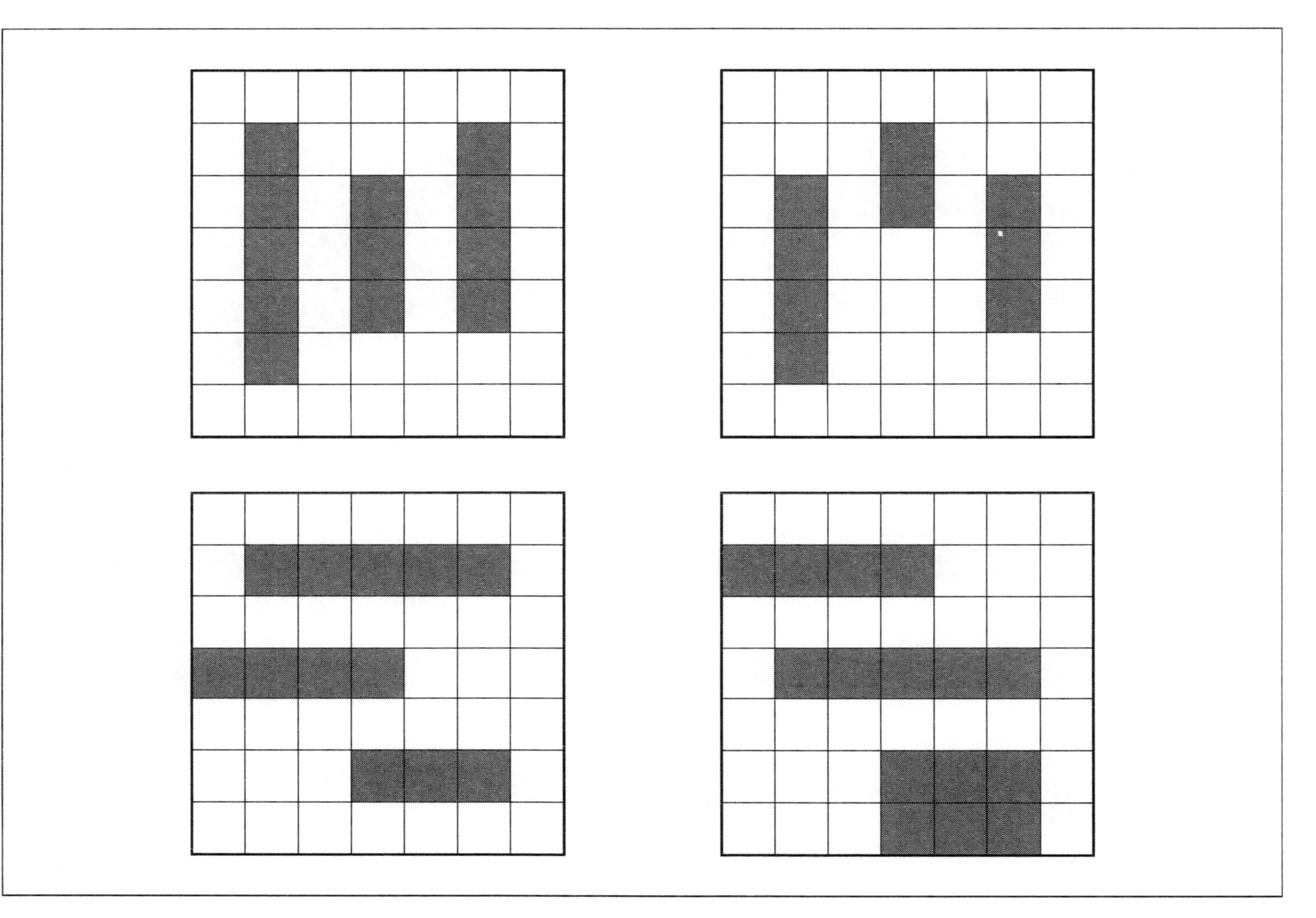

問題20　棒の長さ

棒の長さを比べた時に、一番長い棒を指で指してください。

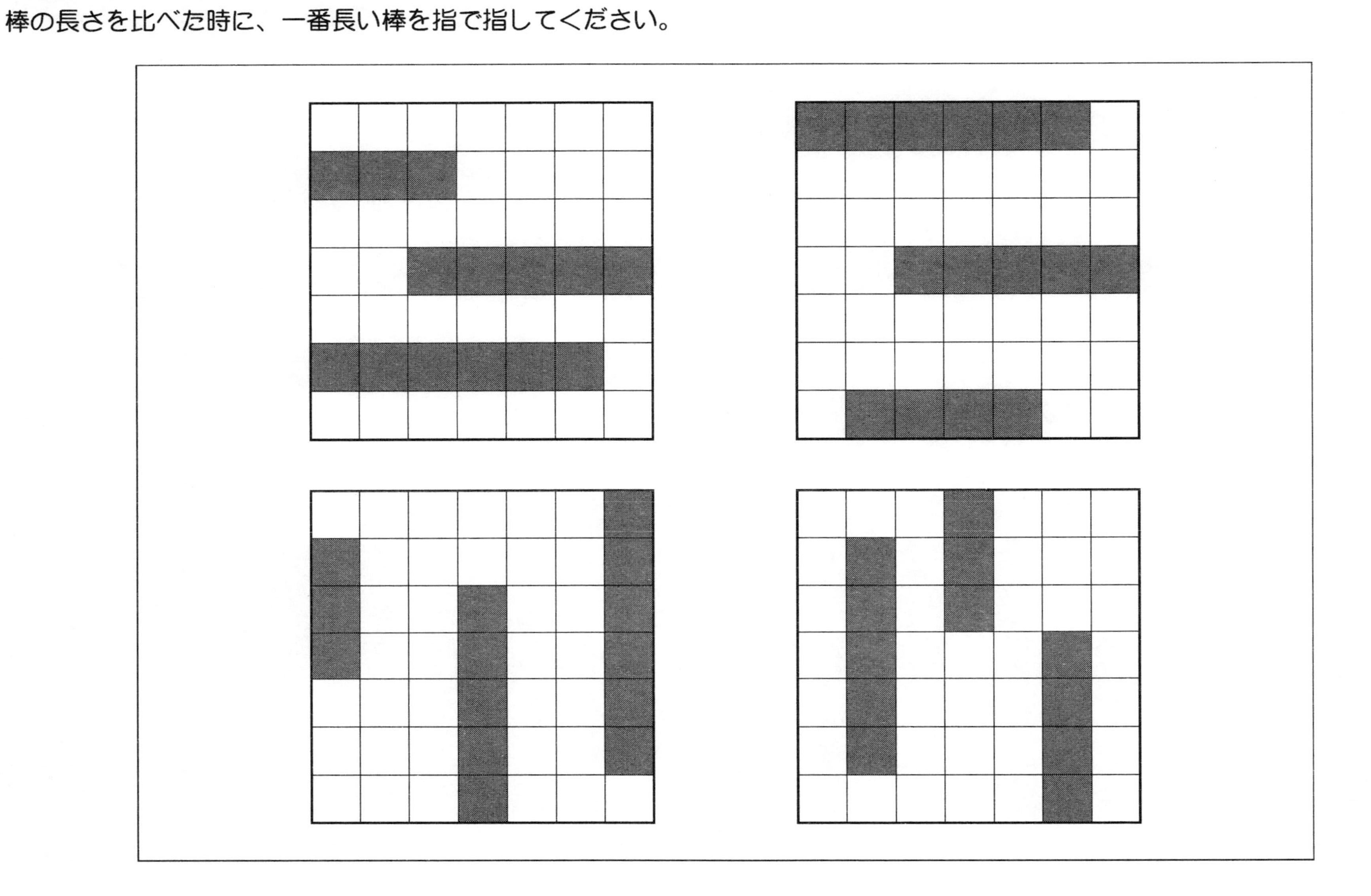

問題21 線の長さ

線の長さを比べた時に、長い方を指で指してください。

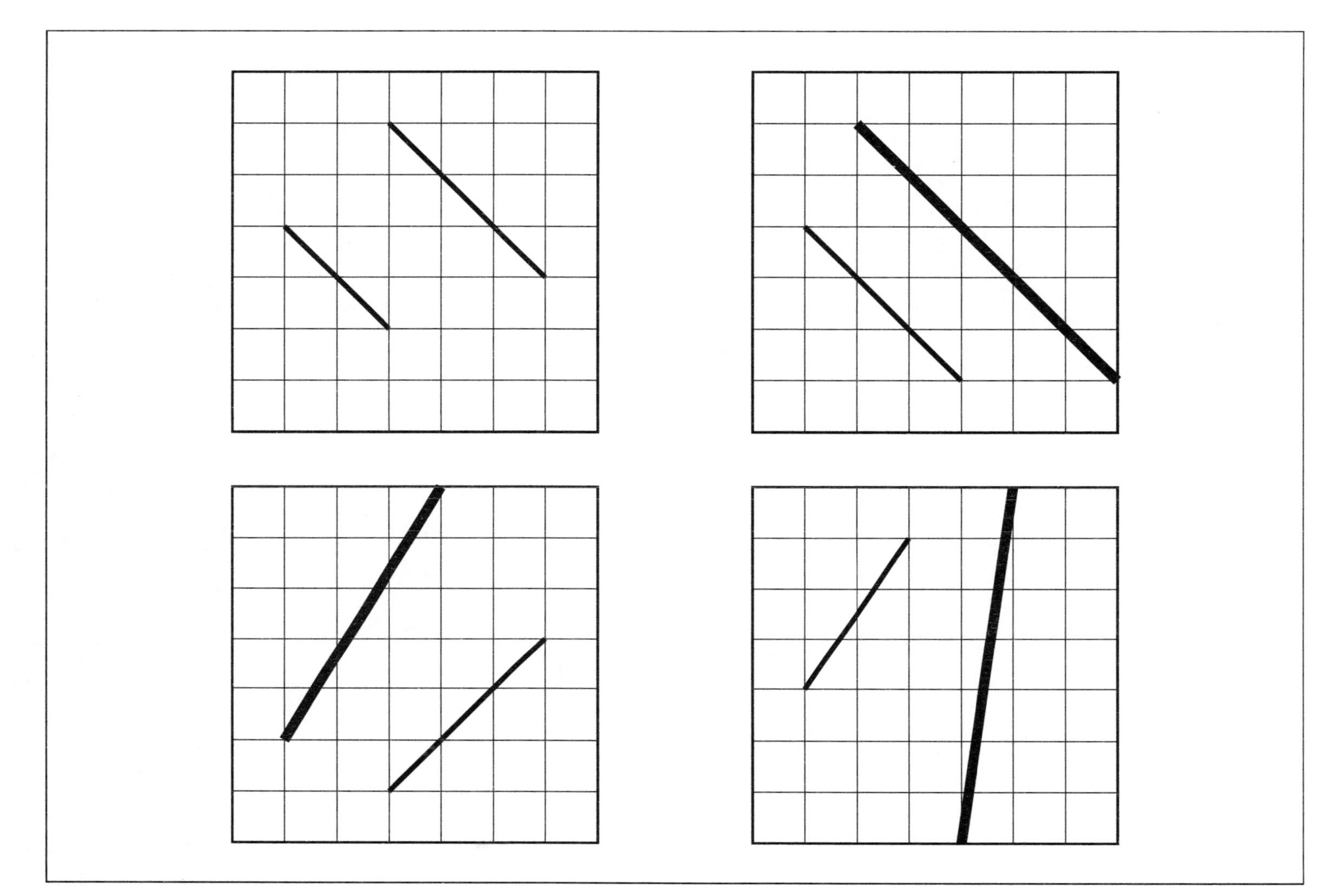

問題22 線の長さ

線の長さを比べた時に、一番長い線を指で指してください。

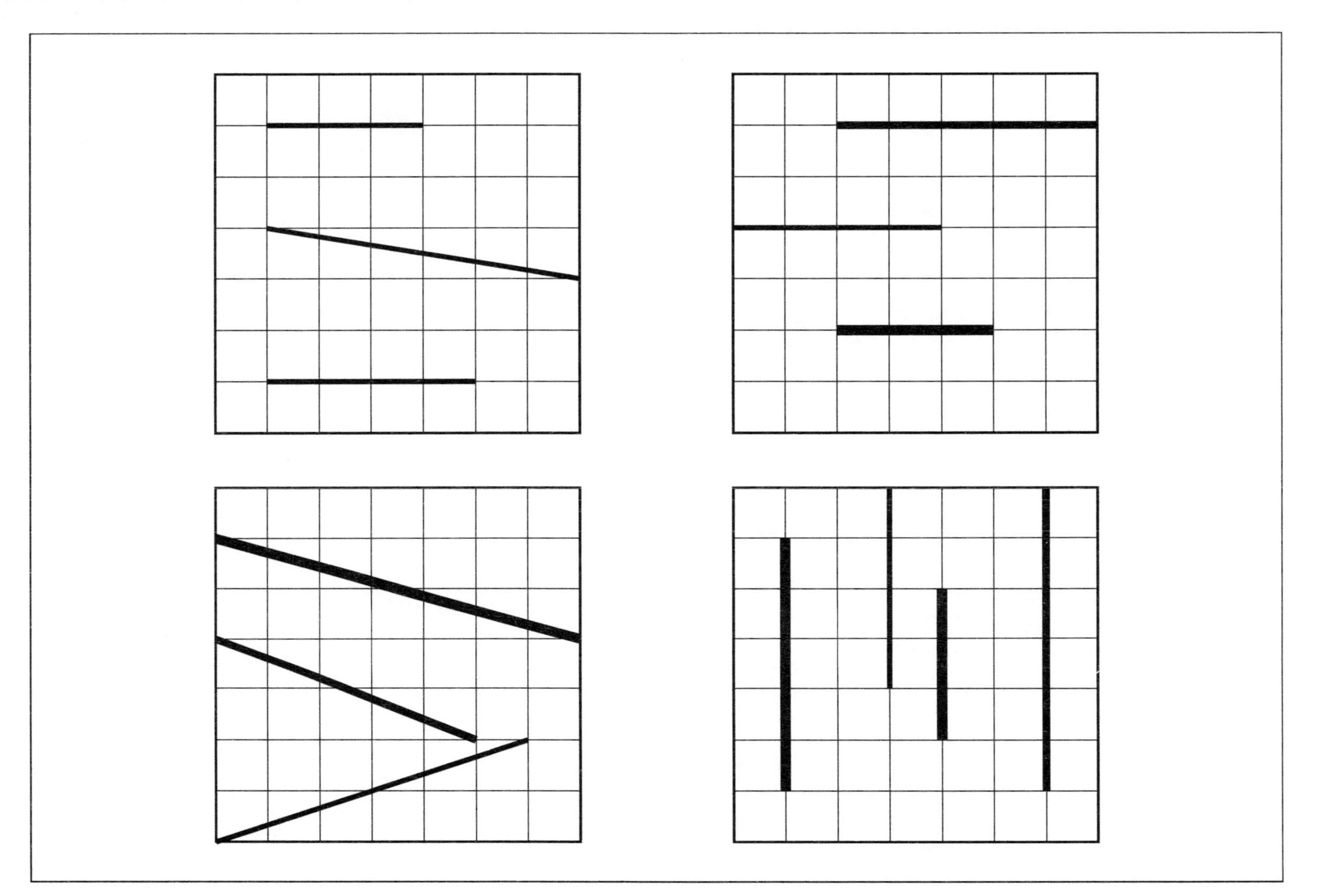

問題23 線の長さ

線の長さを比べた時に、長い方を指で指してください。

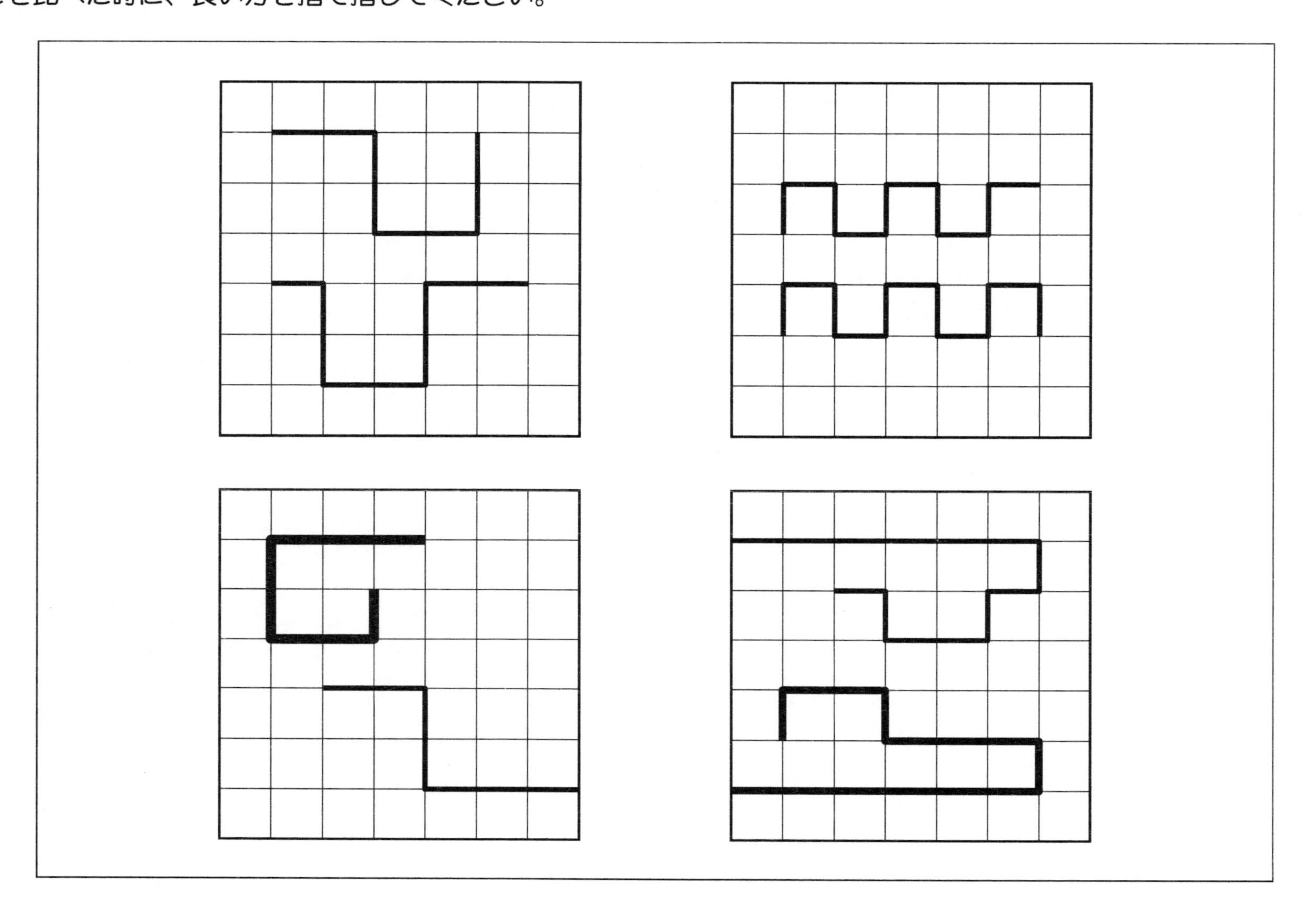

問題24　線の長さ

線の長さを比べた時に、長い方を指で指してください。

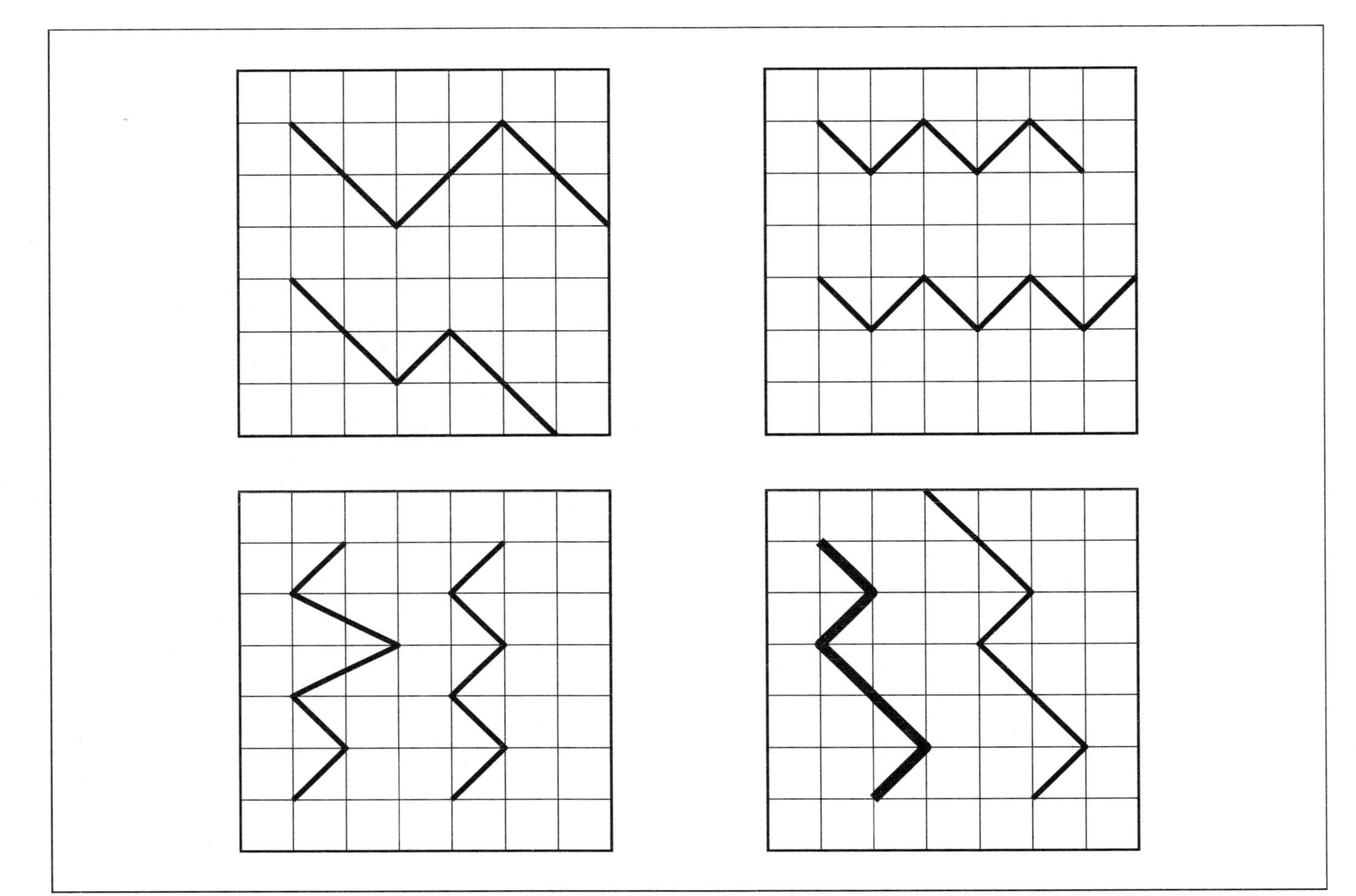

問題25 線の長さ

線の長さを比べた時に、一番長い線を指で指してください。

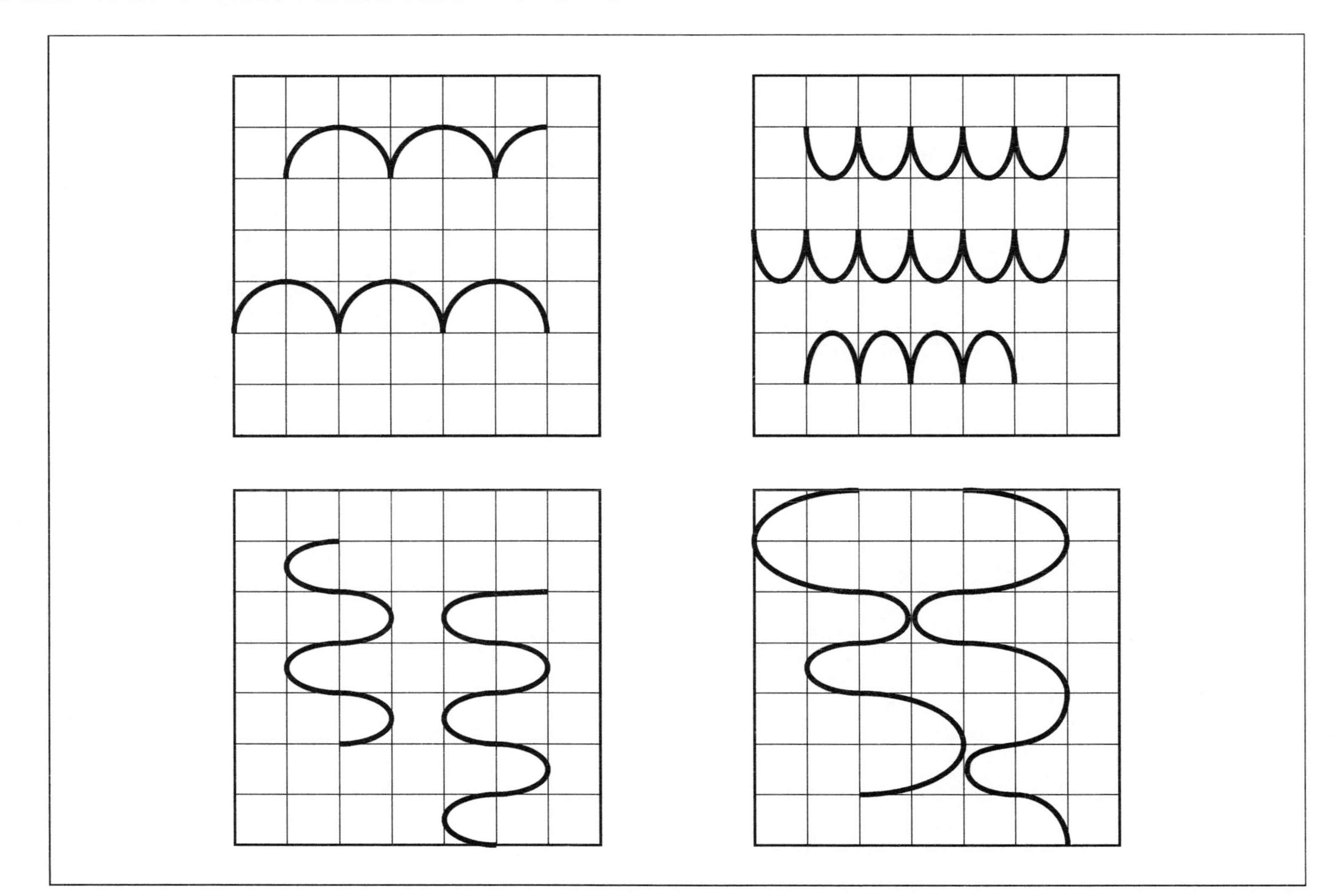

問題26 ひもの長さ

ひもの長さを比べた時に、一番長いひもを指で指してください。

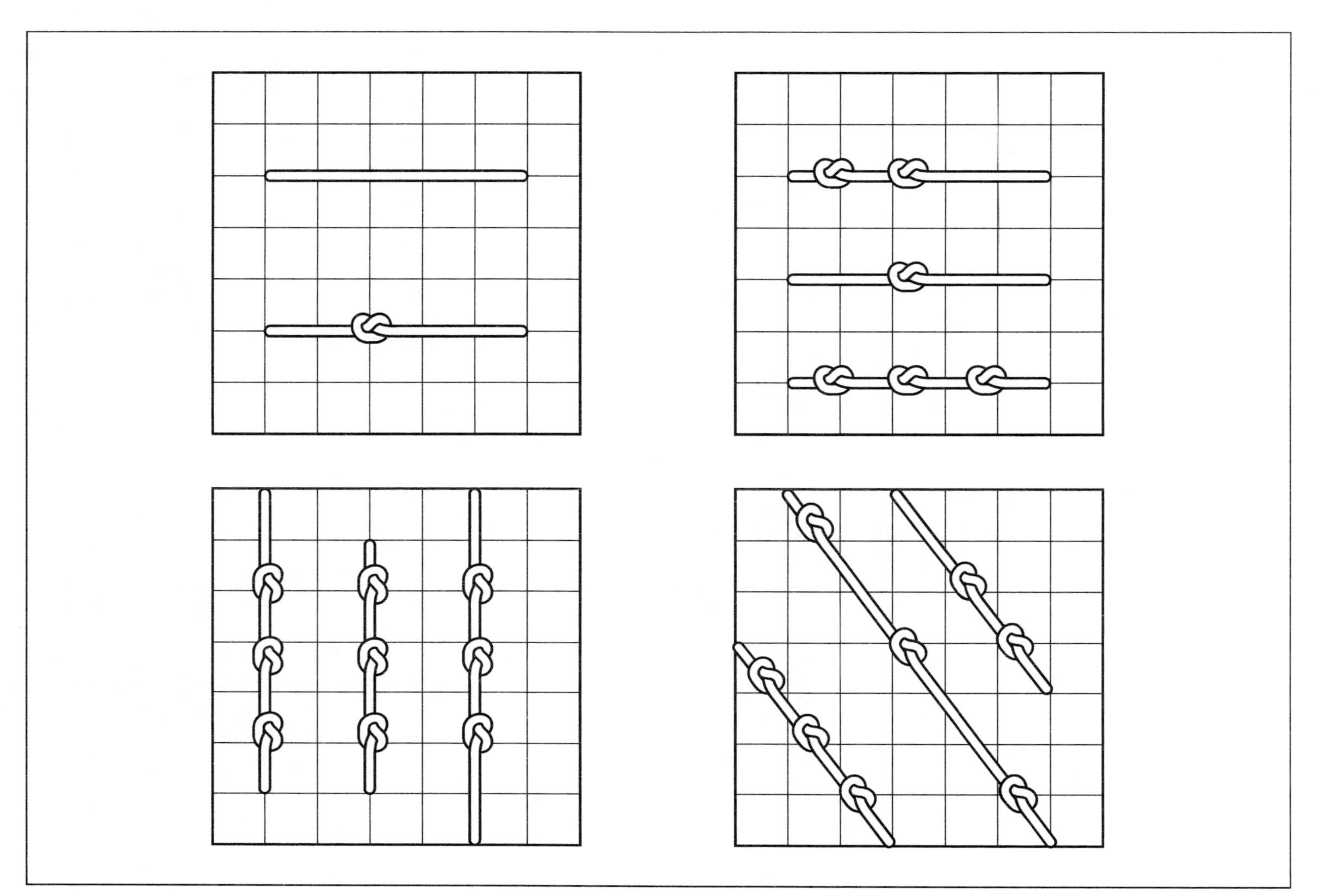

問題27 面積

黒と白の広さを比べた時に、広い方を言ってください。

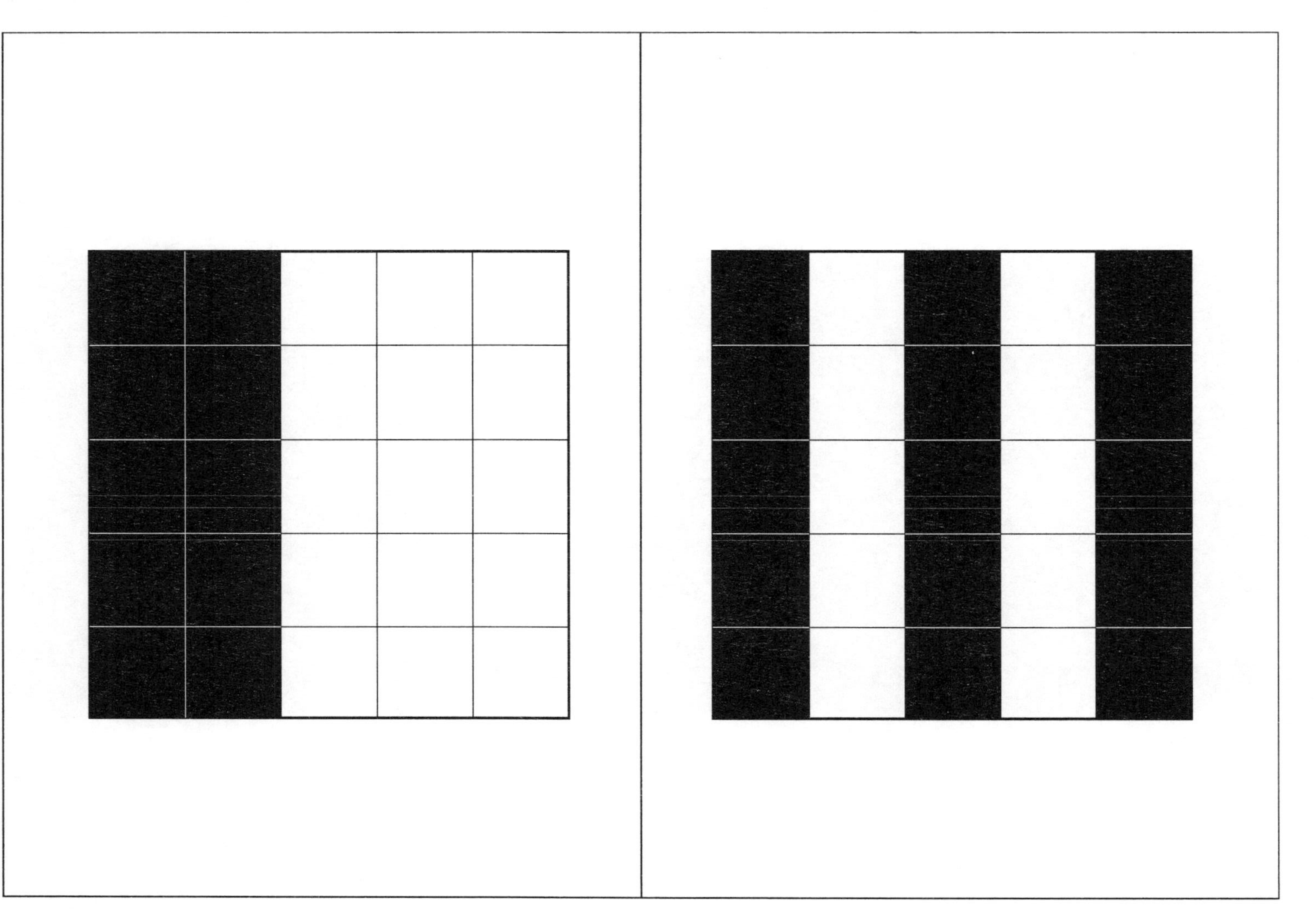

問題28 面積

黒と白の広さを比べた時に、広い方を言ってください。

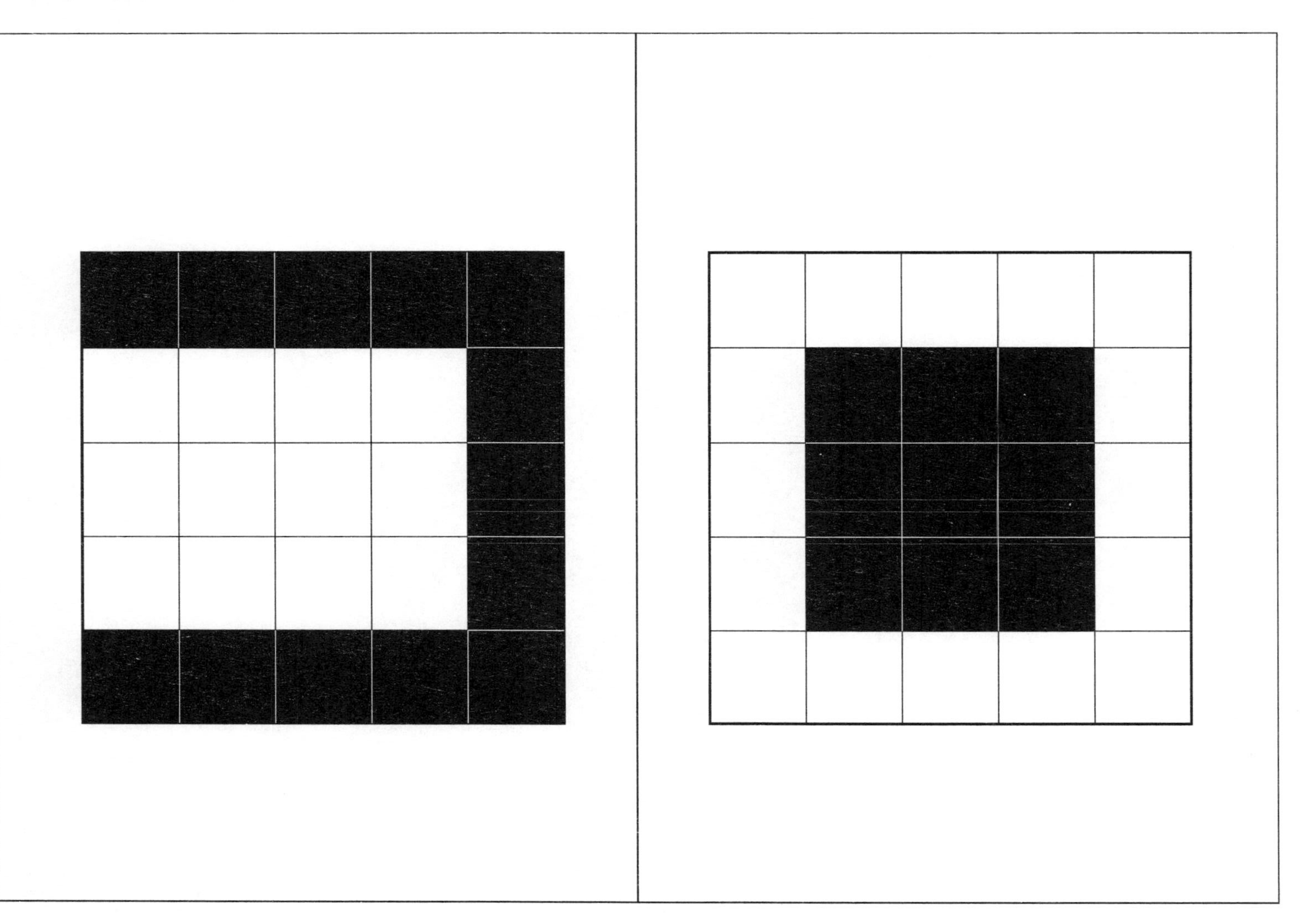

問題29 面積

黒と白の広さを比べた時に、広い方を言ってください。

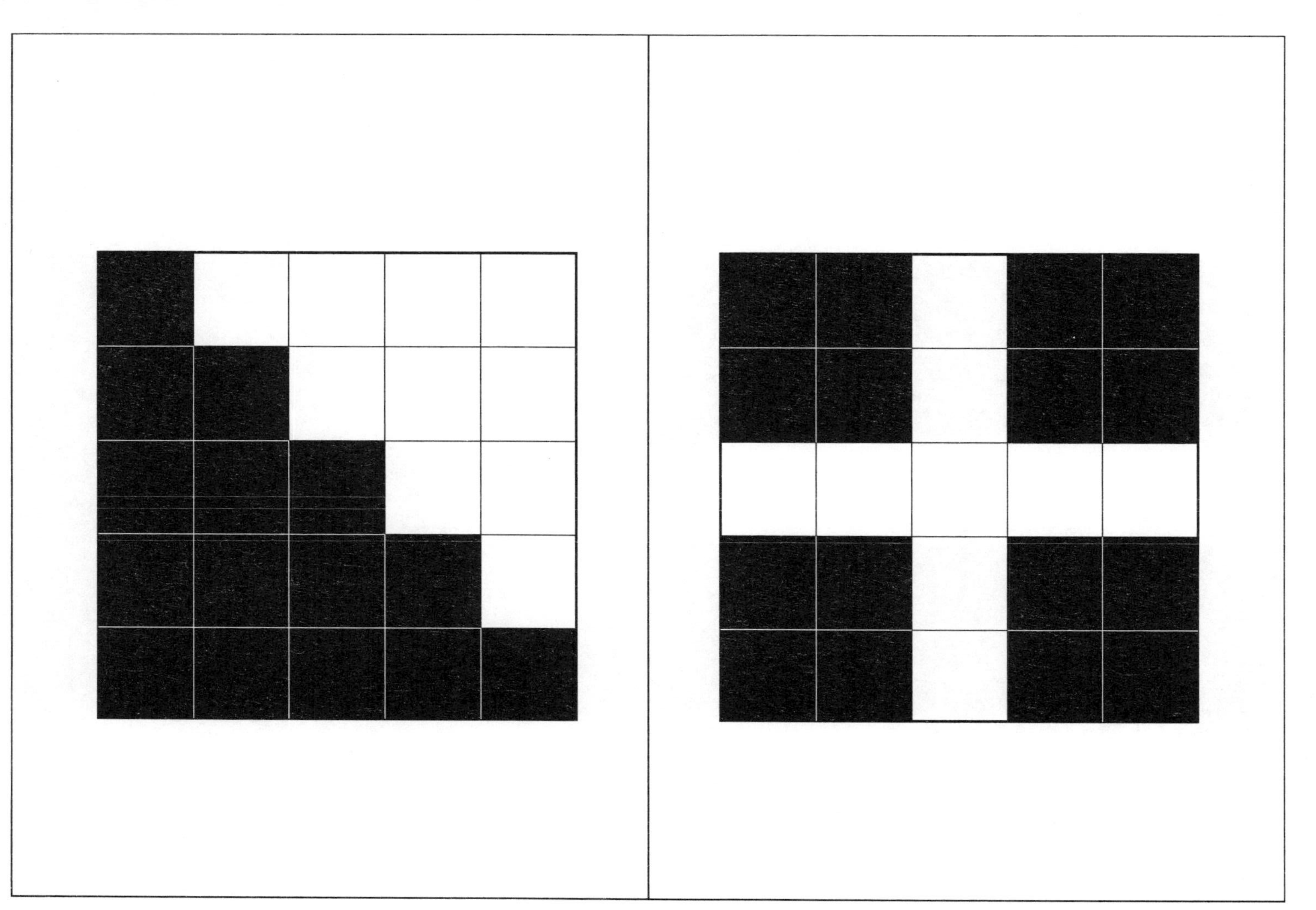

問題30　面積

黒と白の広さを比べた時に、広い方を言ってください。

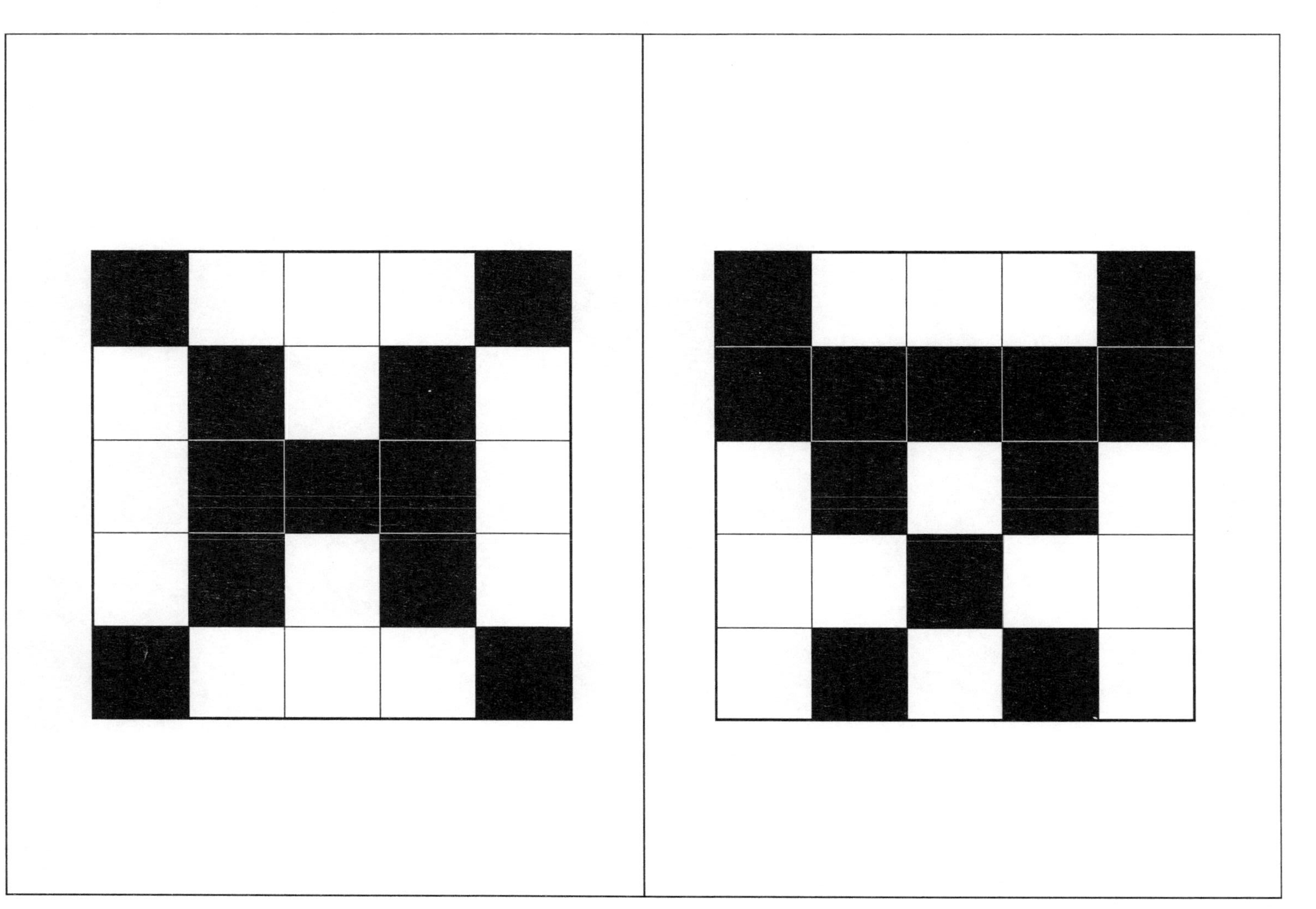

問題31 面積

黒と白の広さを比べた時に、広い方を言ってください。

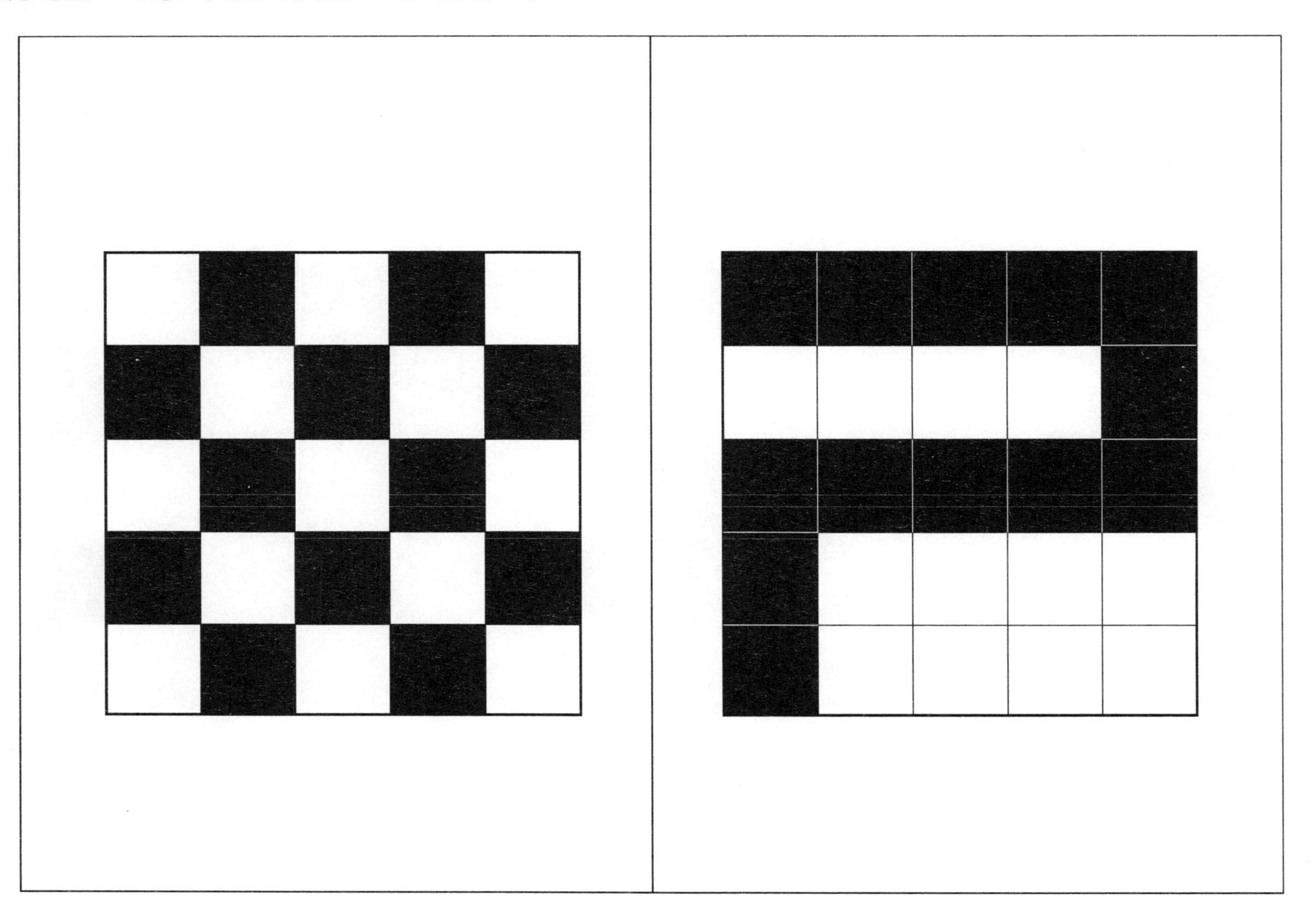

問題32 水量

入れ物に水が入っています。２つの入れ物を比べた時に、量が多い方を言ってください。

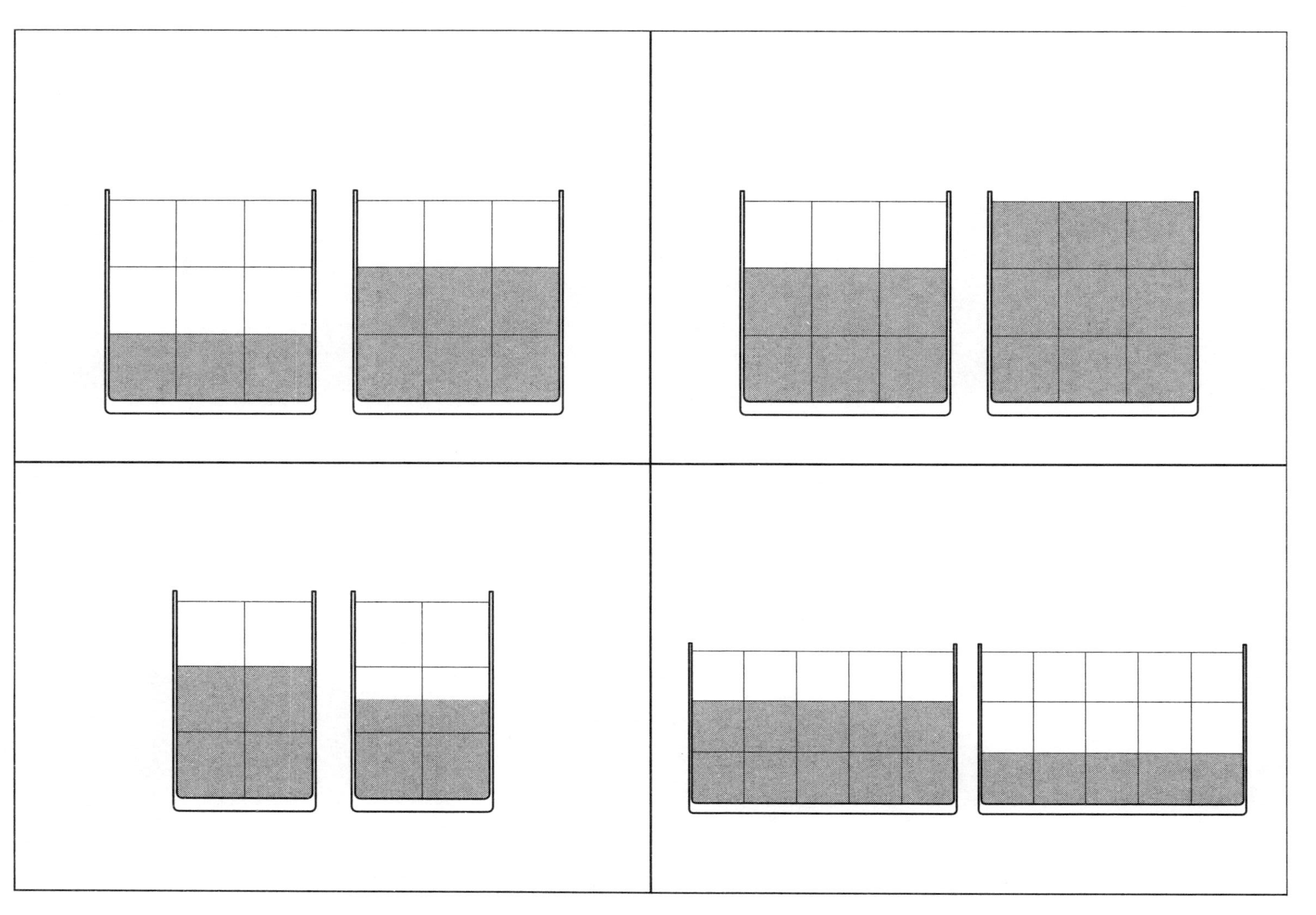

問題33 水量

入れ物に水が入っています。２つの入れ物を比べた時に、量が多い方を言ってください。

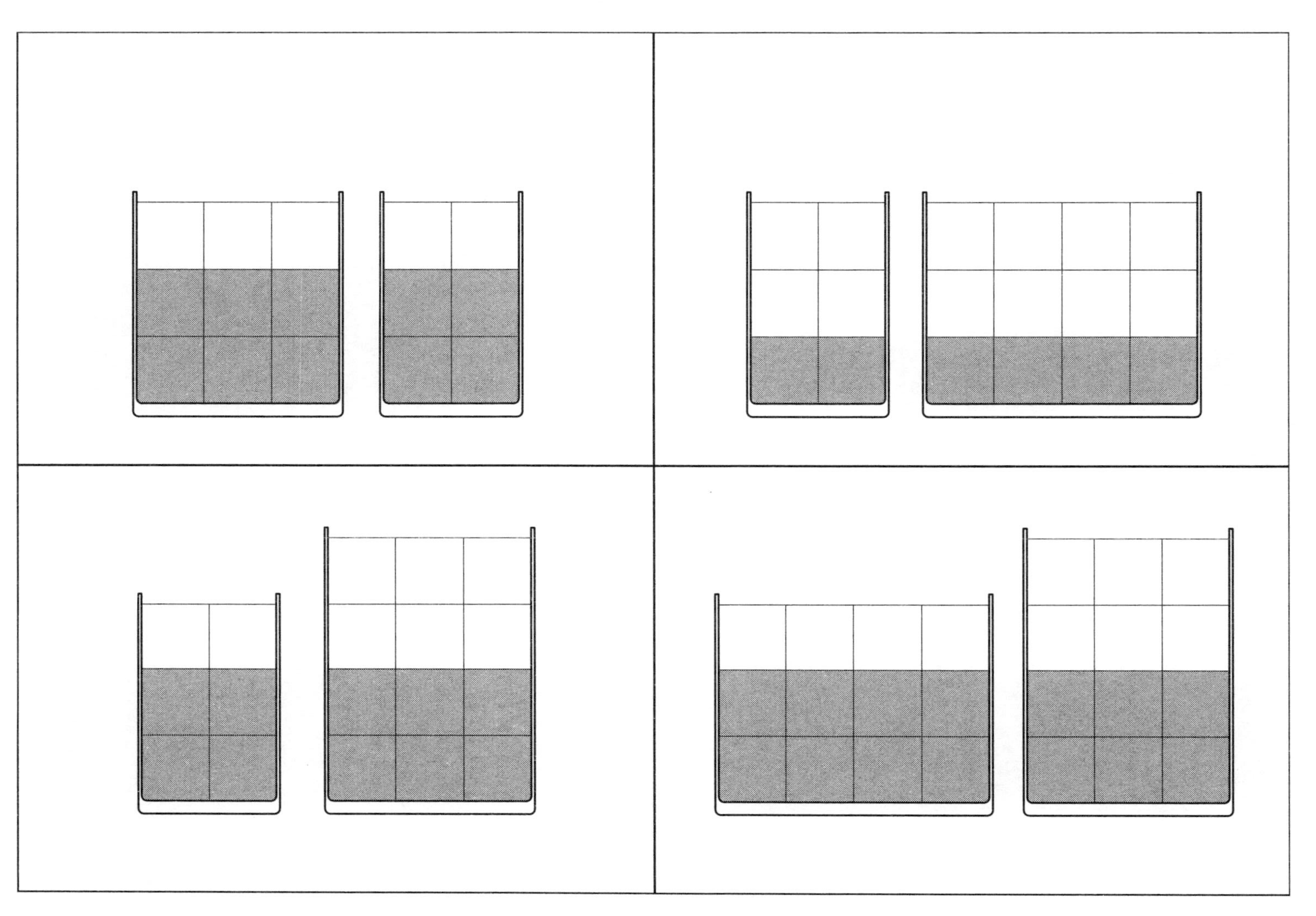

問題34　水量

入れ物に水が入っています。２つの入れ物を比べた時に、量が多い方を言ってください。

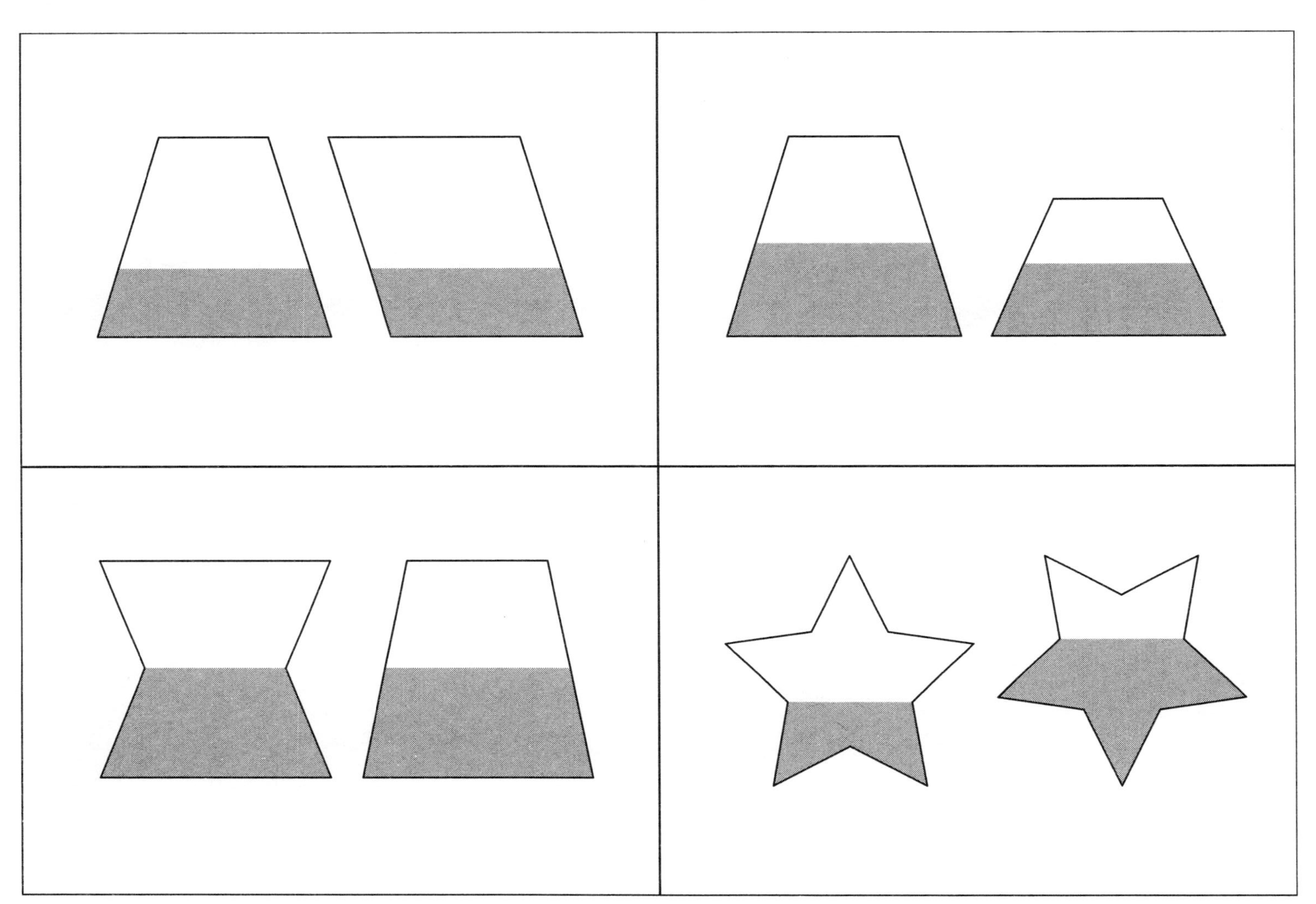

問題35 水量

入れ物に水が入っています。２つの入れ物を比べた時に、量が多い方を言ってください。

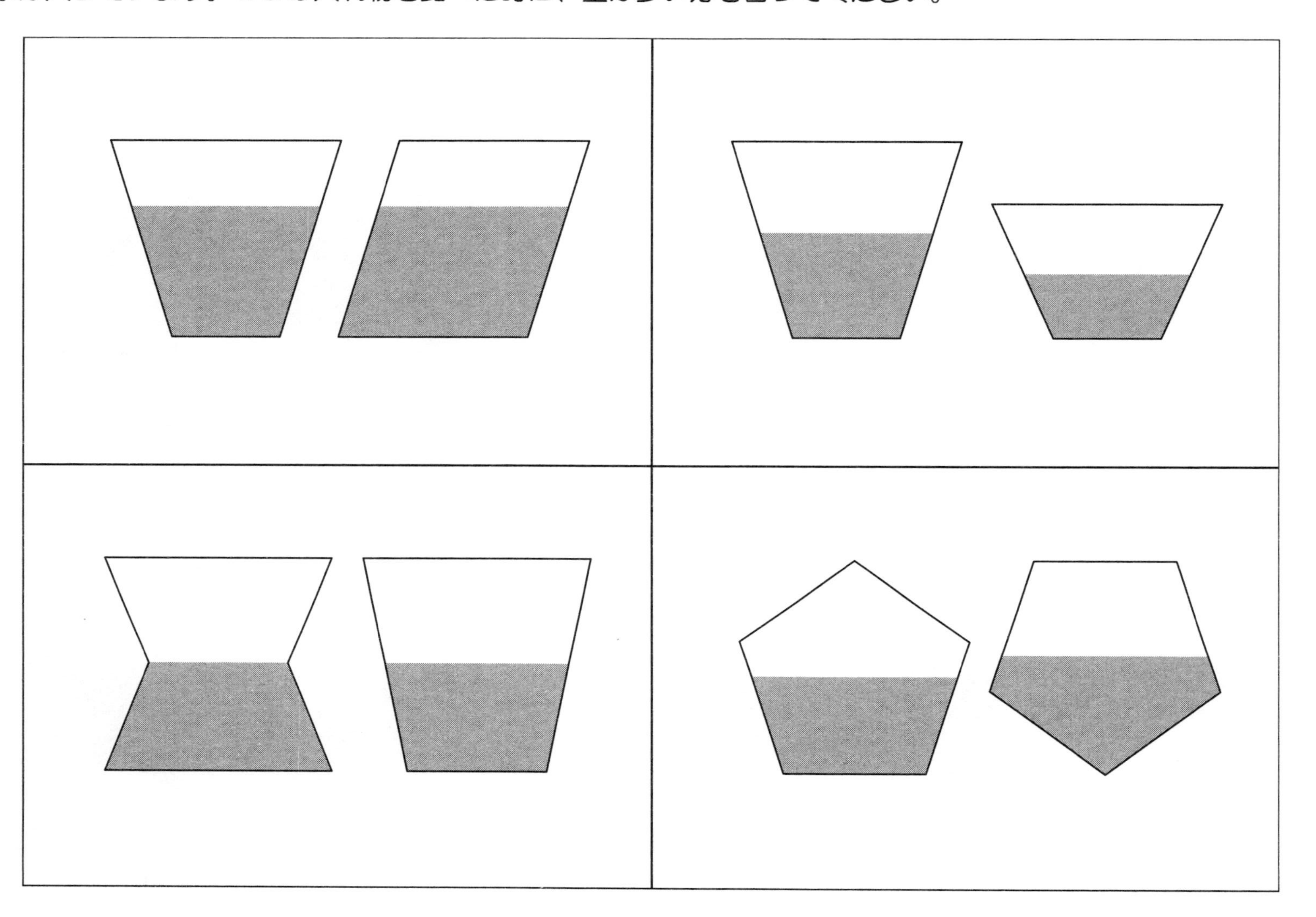

問題36　水量

水が入った２つの入れ物に、上の数だけ氷を入れた時、水の高さが高い方を言ってください。

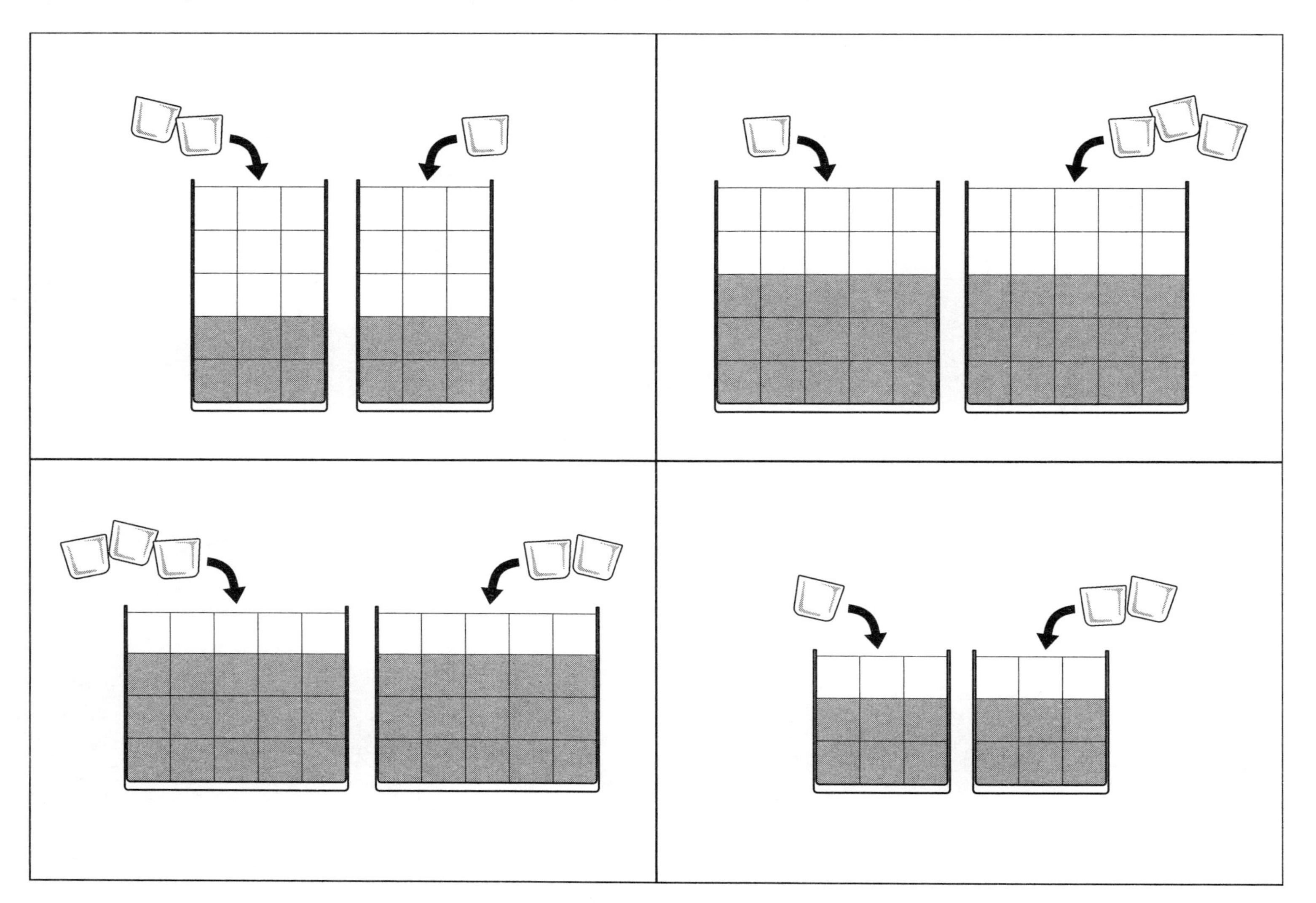

問題37 水量

2つの入れ物に入っている氷を取った時に、水の高さが高い方を言ってください。

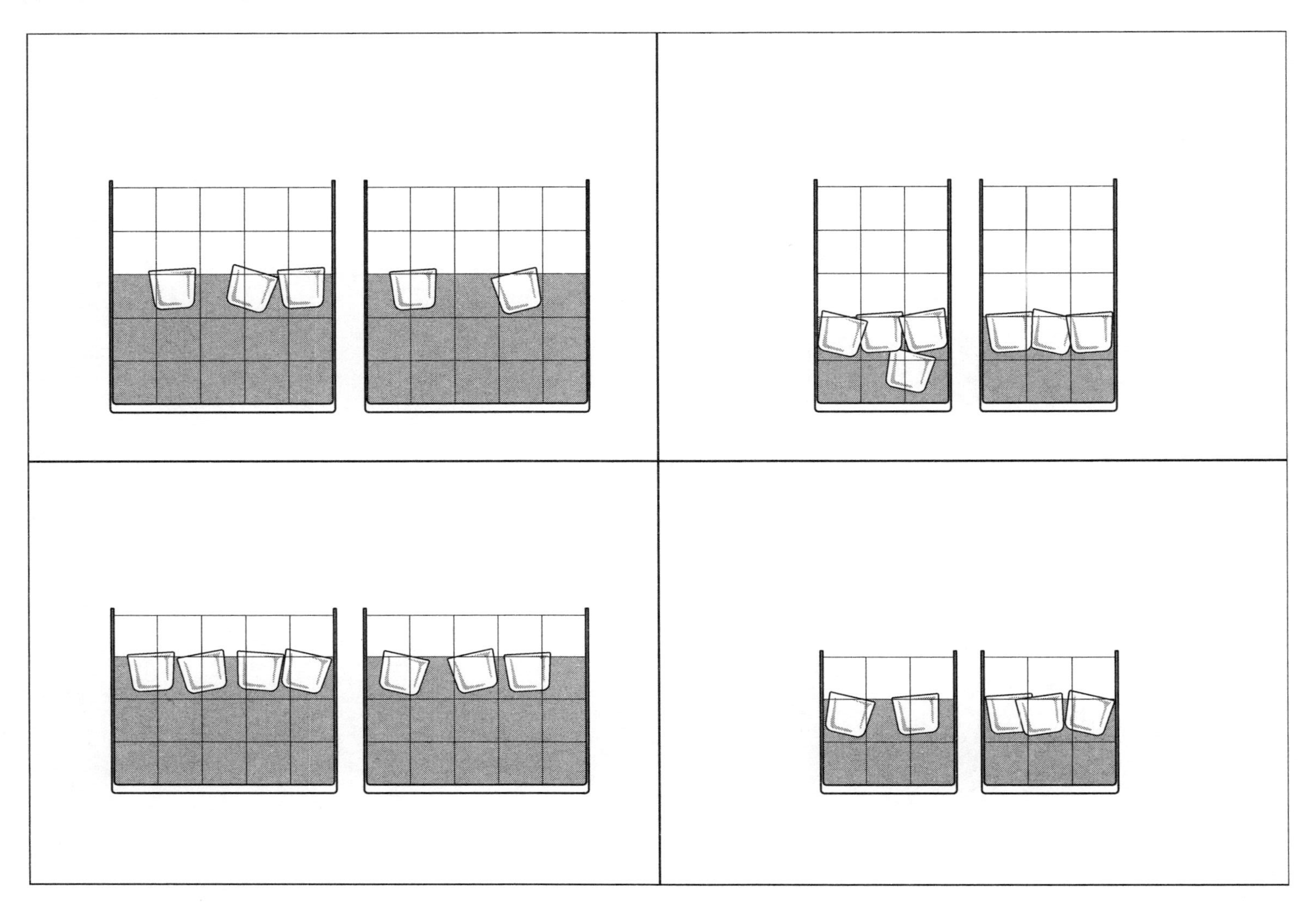

問題38 水量

水が入った２つの入れ物に、上の数だけ氷を入れた時、水の高さが高い方を言ってください。

問題39 水量

２つの入れ物に入っている氷を取った時に、水の高さが高い方を言ってください。

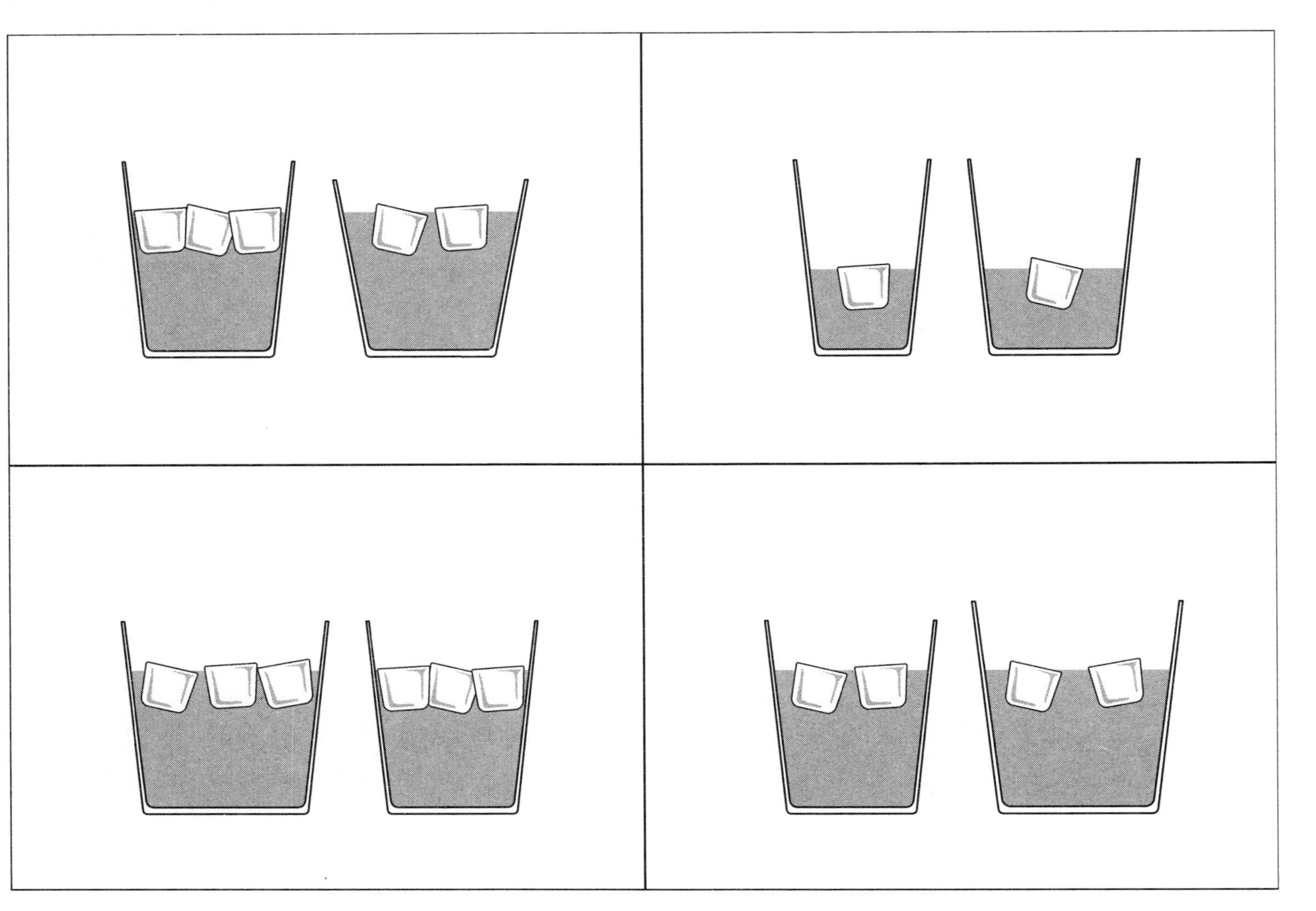

問題40 重さ比べ

重さを比べた時に、重い方を言ってください。

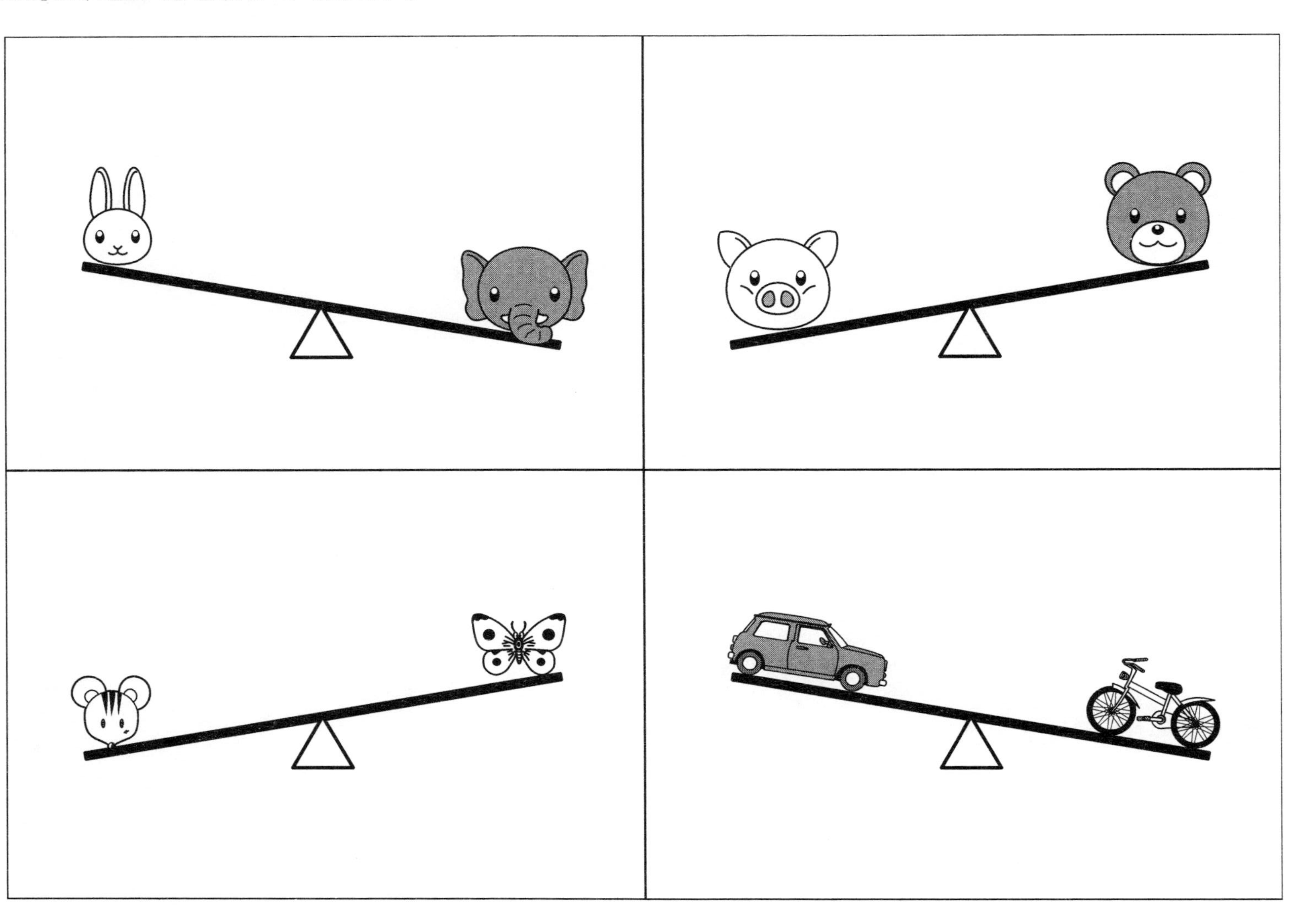

問題41 重さ比べ

重さを比べた時に、重い方を言ってください。

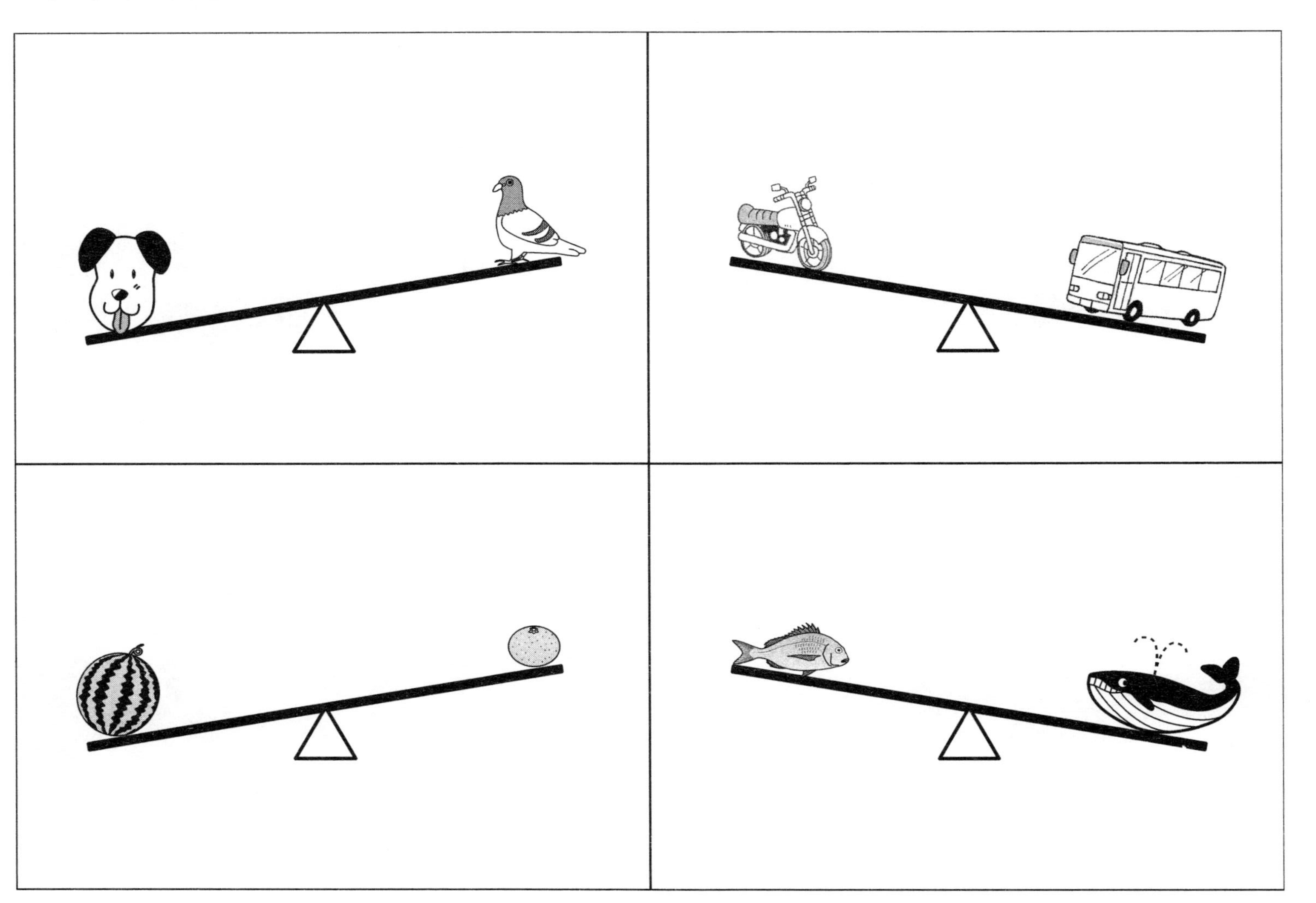

問題42 重さ比べ

重さを比べた時に、一番重いものを言ってください。

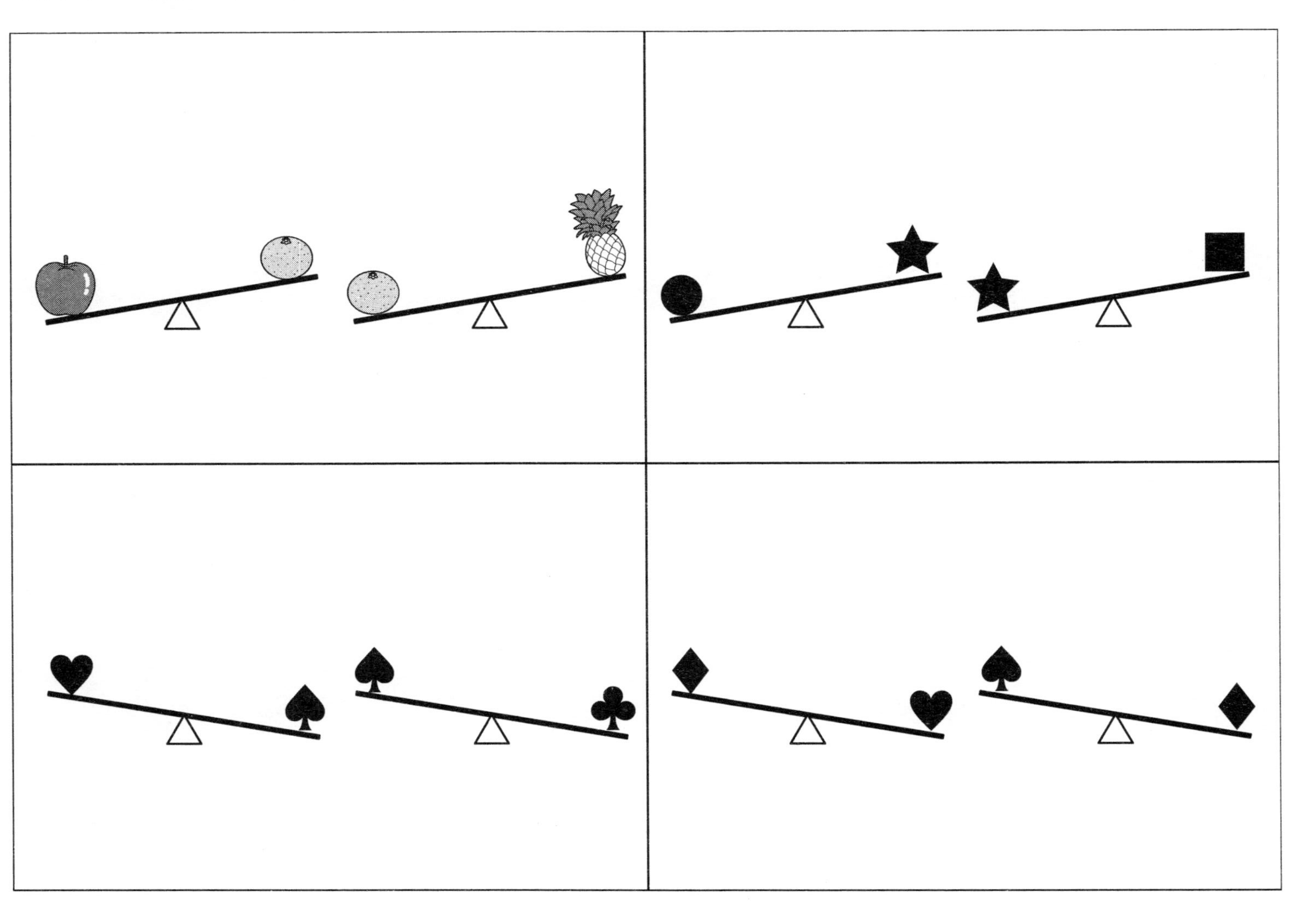

問題43 重さ比べ

重さを比べた時に、一番重いものを言ってください。

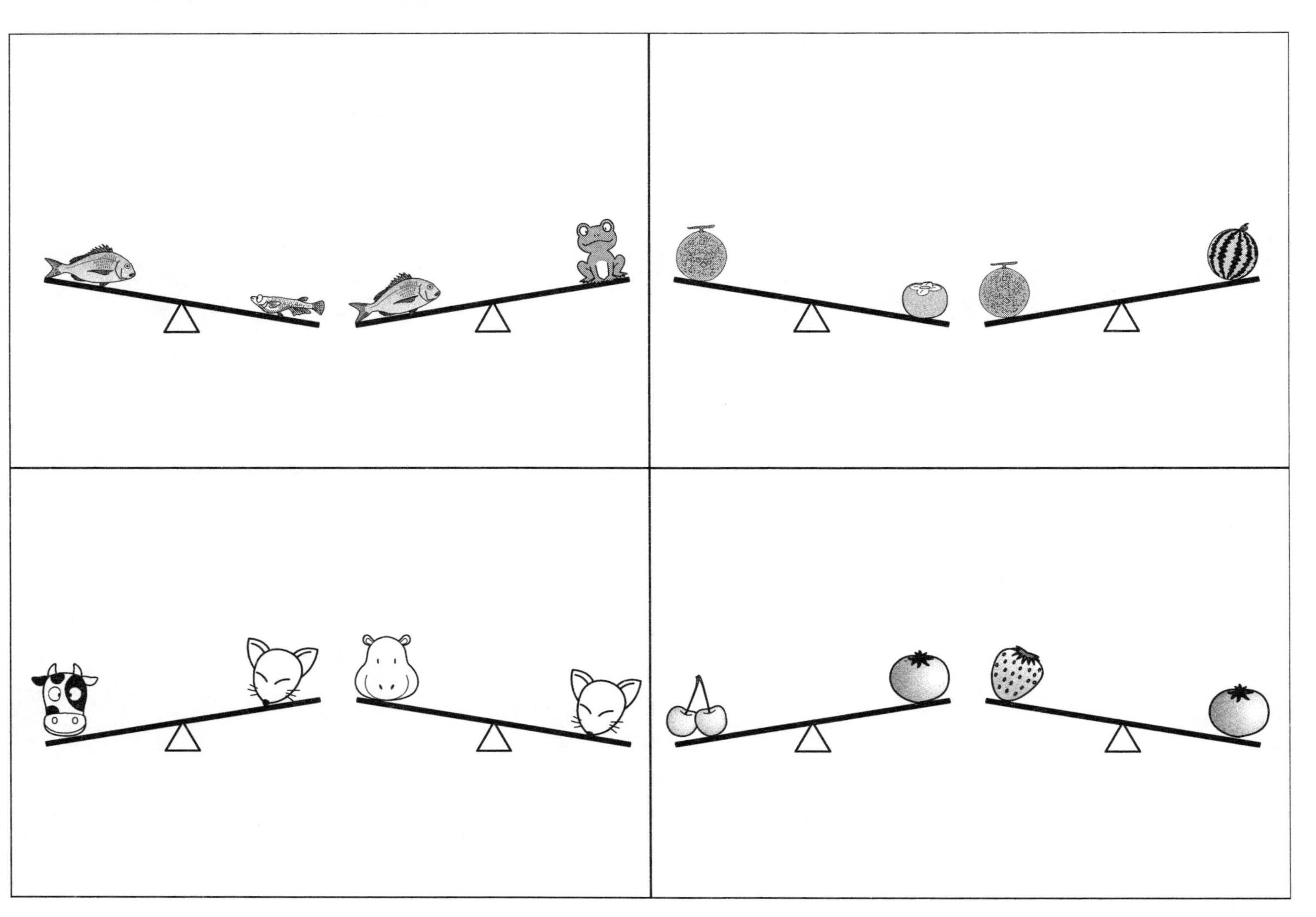

問題44 重さ比べ

重さを比べた時に、一番重いものを言ってください。

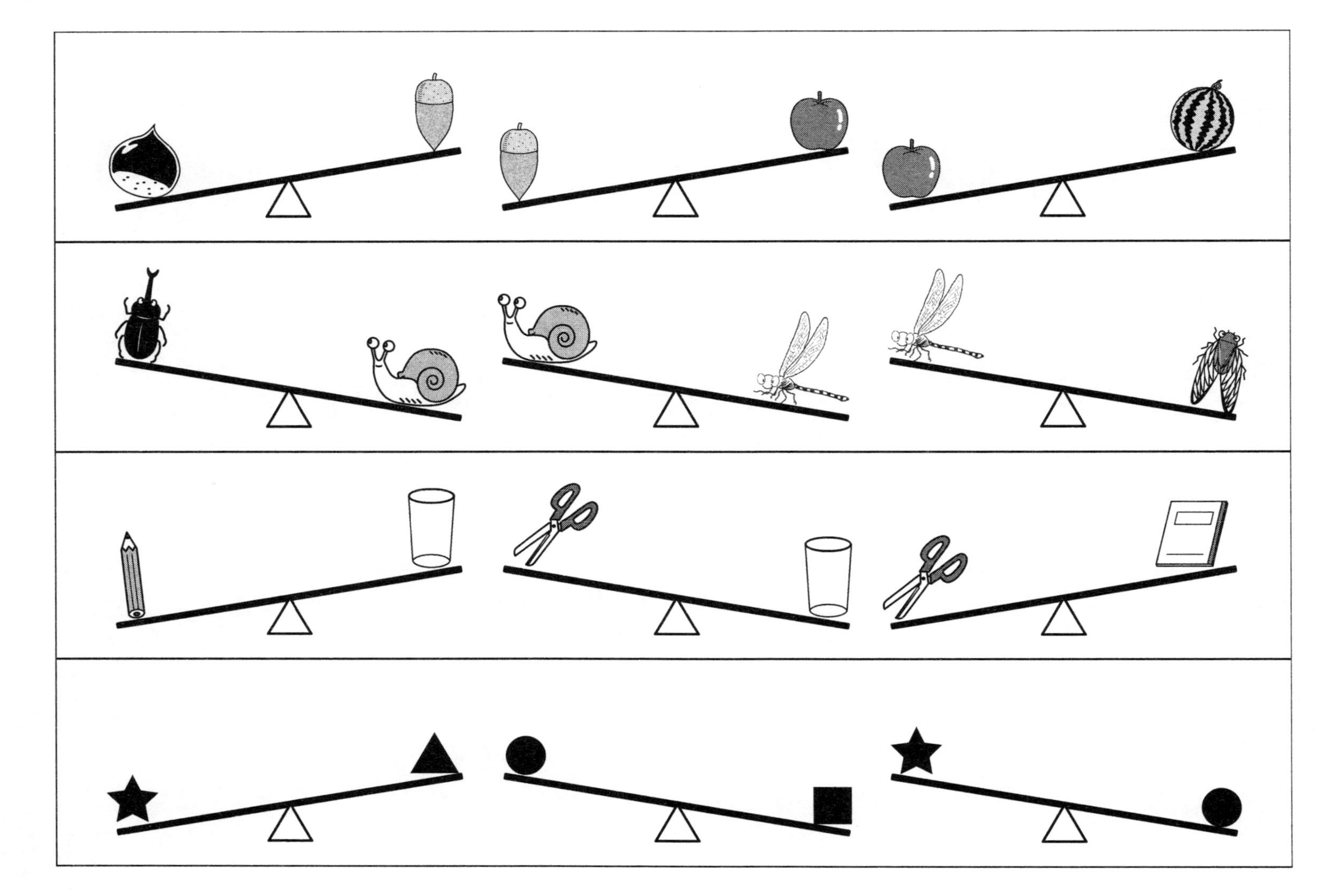

付録 重さ比べ

厚紙に貼り、線に沿って切り離してご使用ください。

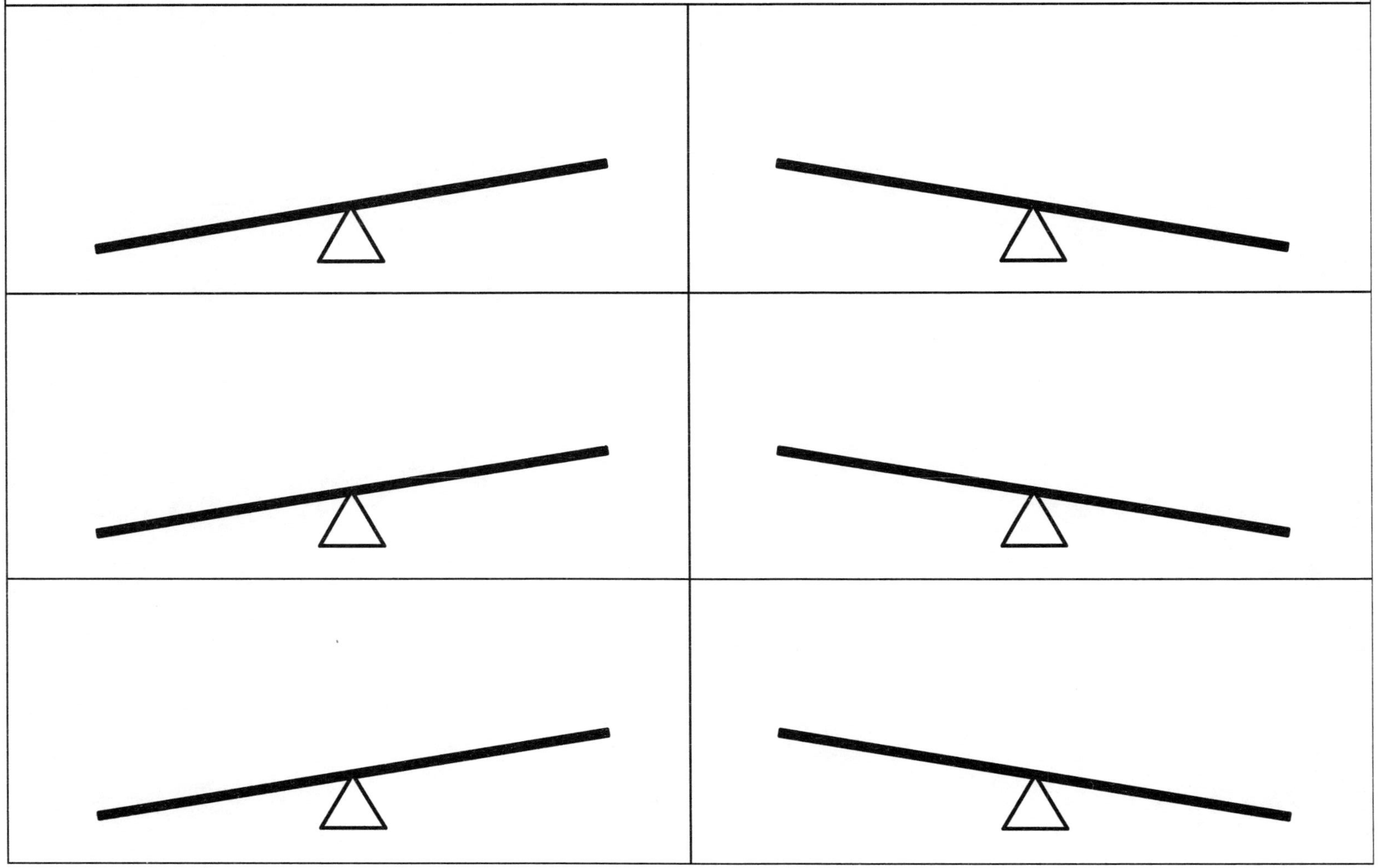

付録　重さ比べ

厚紙に貼り、線に沿って切り離してご使用ください。コピーしておくことをおすすめします。

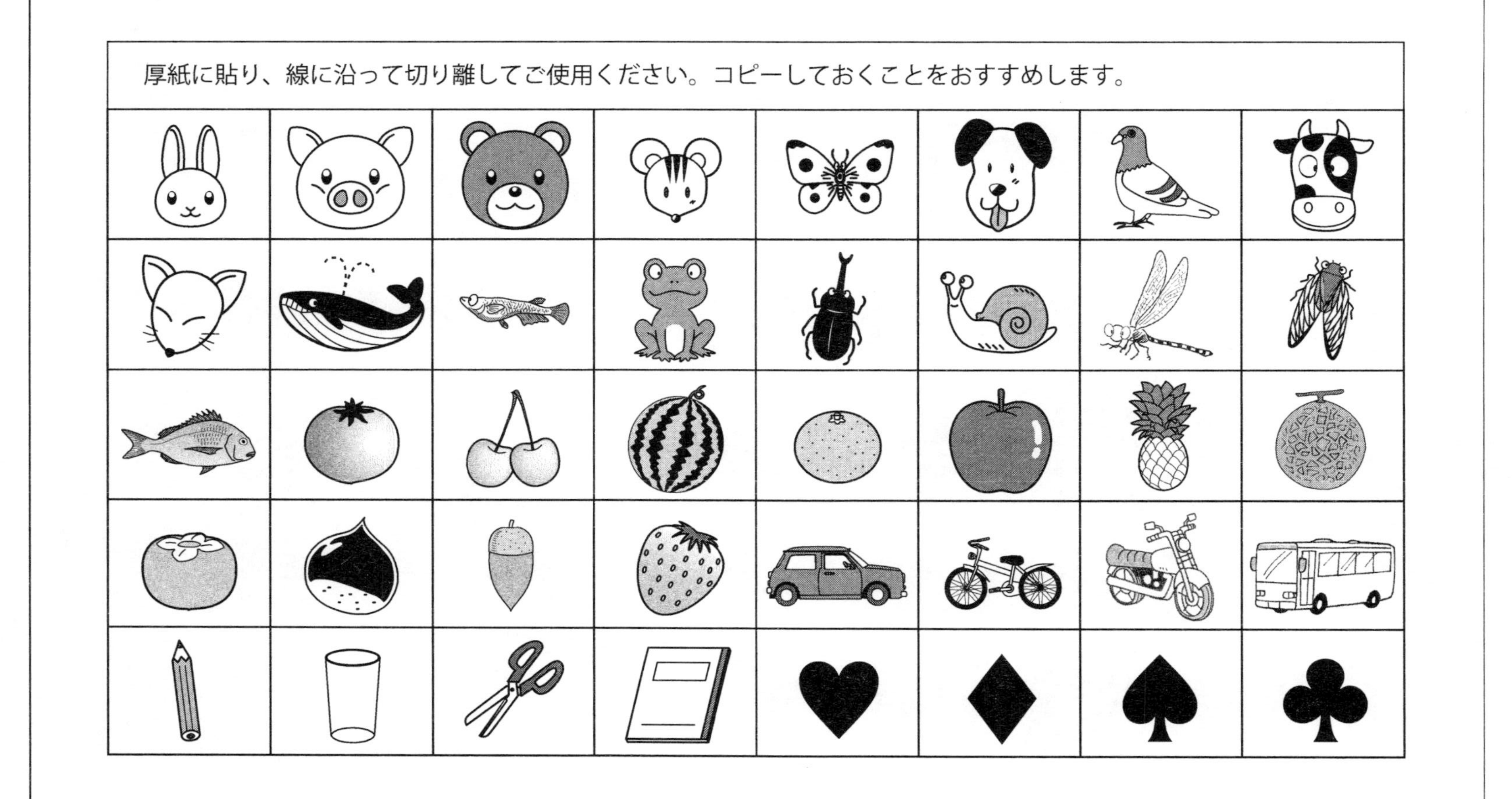

年　月　日

お客様注文書

（フリガナ） 氏　名　　　　　　　　　　　　様	電　話
	E-mail
住　所　〒　　　　ー	配達指定等

書　名	本体	数量	書　名	本体	数量	書　名	本体	数量	書　名	本体	数量	書　名	本体	数量
ジュニアウォッチャー			**NEWウォッチャーズ国立セレクト**			**基礎力アップトレーニングシリーズ**			**首都圏・学校別問題集**			**近畿圏/地方・学校別問題集**		
1 点・線図形	1500		NW国言語 1	2000		聞く力・記憶力アップ	1500		成蹊過去	2000		洛南・立命	2300	
2 座標	1500		NW国言語 2	2000		スピードアップ	1500		暁星過去	2000		追手門・関大	2300	
3 パズル	1500		NW国理科 1	2000					慶應幼稚舎	2000		関学・雲雀	2300	
4 同図形探し	1500		NW国理科 2	2000					早稲田過去	2000		城星・帝塚山学院	2300	
5 回転・展開	1500		NW国図形 1	2000					立教過去	2000		帝塚山・近小	2300	
6 系列	1500		NW国図形 2	2000					学習院	2000		京都国立	2300	
7 迷路	1500		NW国記憶 1	2000					青山	2000		天王寺過去	2000	
8 対称	1500		NW国記憶 2	2000					雙葉過去	2000		平野過去	2000	
9 合成	1500		NW国数量 1	2000					白百合過去	2000		池田過去	2000	
10 四方観察	1500		NW国数量 2	2000					豊明過去	2000		仁川合格	2300	
11 色々な仲間	1500		NW国常識 1	2000					女学館過去	2000		はつしば合格	2300	
12 日常生活	1500		NW国常識 2	2000		**保護者のてびき**			聖心女子	2000		賢明合格	2300	
13 時間の流れ	1500		NW国推理 1	2000		子どもの「できない」は親のせい	1800		東洋英和	2000		智辯・四天合格	2300	
14 数える	1500		NW国推理 2	2000		お助けハンドブック 学習編	1800		立教女学院	2000		天王寺合格	2000	
15 比較	1500		**NEWウォッチャーズ私立セレクト**			お助けハンドブック 生活編	1800		淑徳・宝仙	2000		宇大・作新	2500	
16 積み木	1500		NW私言語 1	2000		子育ては「親育」	1800		星美過去	2000		愛知私立過去	2300	
17 言葉の音遊び	1500		NW私言語 2	2000		子どもの帝王学	1800		都市大過去	2000		愛知国立過去	2300	
18 色々な言葉	1500		NW私理科 1	2000					東農大稲花	2000		ノートル・朝日	2500	
19 お話の記憶	1500		NW私理科 2	2000		**B4判_総合学習ワーク**			桐朋学園	2000		岡大附小	2500	
20 見る聴く記憶	1500		NW私図形 1	2000		ベストセレクションA	2600		慶應横浜	2000		広島私立	2500	
21 お話づくり	1500		NW私図形 2	2000		ベストセレクションB	2600		洗足過去	2000		広島国立	2500	
22 想像画	1500		NW私記憶 1	2000		ベストセレクションC	2600		日出学園	2000		鳴教大附小	2500	
23 切る貼る塗る	1500		NW私記憶 2	2000		**B4判_幼稚園受験用ワーク**			国府台・昭和	2000		西南・福教	2500	
24 絵画	1500		NW私数量 1	2000		ステップアップ 1	3000		浦和ルーテル	2000		北海道版	2500	
25 生活巧緻性	1500		NW私数量 2	2000		ステップアップ 2	3000		文理・星野	2000		福島版	2000	
26 文字・数字	1500		NW私常識 1	2000		ステップアップ 3	3000		筑波過去	2000		新潟版	2300	
27 理科	1500		NW私常識 2	2000		**袋入りプリントタイプ問題集**			お茶の水	2000		群馬版	2500	
28 運動	1500		NW私推理 1	2000		ゆびさき①	2500		竹早過・対	2000		静岡版	2500	
29 行動観察	1500		NW私推理 2	2000		ゆびさき②	2500		世田谷過去	2000		香川版	2500	
30 生活習慣	1500		NW私推理 2	2000		ゆびさき③	2500		大泉過去	2000		**情報誌・読み物・エッセイ**		
31 推理思考	1500		**まいにちウォッチャーーズ**			最強マニュアル	2000		小金井過去	2000		首都小てびき	2500	
32 ブラックボックス	1500		段階別 導入①	2000		面接テスト	2000		横浜過去	2000		幼稚園てびき	2500	
33 シーソー	1500		段階別 導入②	2000		新口頭試問	2500		鎌倉過去	2000		近畿小てびき	2900	
34 季節	1500		段階別 導入③	2000		新運動テスト	2200		埼玉過去	2000		新文例集500	2600	
35 重ね図形	1500		段階別 導入④	2000		新ノンペーパー	2600		千葉過去	2000		小学校面接QA	2600	
36 同数発見	1500		段階別 練習①	2000		厳選難問集①	2600		都市大合格	2000		小学校受験125	2600	
37 選んで数える	1500		段階別 練習②	2000		厳選難問集②	2600		昭和女子合格	2000		新幼稚園入園Q&A	2600	
38 たし算ひき算①	1500		段階別 練習③	2000		おうちチャレンジ①	1800		慶應横浜合格	2000		幼稚園面接Q&A	2600	
39 たし算ひき算②	1500		段階別 練習④	2000		おうちチャレンジ②	1800		精華合格	2000		保護者のてびき①	1800	
40 数を分ける	1500		段階別 実践①	2000		苦手克服 数量	2000		洗足合格	2000		保護者のてびき②	1800	
41 数の構成	1500		段階別 実践②	2000		苦手克服 図形	2000		横浜雙葉合格	2000		保護者のてびき③	1800	
42 一対多の対応	1500		段階別 実践③	2000		苦手克服 言語	2000		森村合格	2000		保護者のてびき④	1800	
43 数のやりとり	1500		段階別 実践④	2000		苦手克服 常識	2000		日出合格	2000		保護者のてびき⑤	1800	
44 見えない数	1500		段階別 応用①	2000		苦手克服 記憶	2000		筑波ラストスパート	2000		学級通信	1800	
45 図形分割	1500		段階別 応用②	2000		苦手克服 推理	2000		筑波お話の記憶	2200		35のたね	1600	
46 回転図形	1500		段階別 応用③	2000		ウォッチャーズアレンジ①	2000							
47 座標の移動	1500		段階別 応用④	2000		ウォッチャーズアレンジ②	2000							
48 鏡図形	1500		**国立用総合ワーク**			ウォッチャーズアレンジ③	2000							
49 しりとり	1500		国立総集編 A	3282		ウォッチャーズアレンジ④	2000							
50 観覧車	1500		国立総集編 B	3282		お話の記憶 初級	2600							
51 運筆①	1500		国立総集編 C	3282		お話の記憶 中級	2000							
52 運筆②	1500		**しつもん付き読み聞かせ本**			お話の記憶 上級	2000							
53 四方観察積木	1500		お話集①	1800		口頭試問-ペーパーレス編-	2000		**合　計**					
54 図形の構成	1500		お話集②	1800		口頭試問-生活体験編-	2000		冊			円（税別）		
55 理科②	1500													
56 マナーとルール	1500													
57 置き換え	1500													
58 比較②	1500													
59 欠所補完	1500													
60 言葉の音	1500													

※お支払いは現金、またはクレジットカードによる「代金引換」となります。また、代金には消費税がかかります。

※お受け取り時間のご指定は、「午前中」以降は約2時間おきになります。

※ご住所によっては、ご希望にそえない場合がございます。

日本学習図書（ニチガク）

Mail : info@nichigaku.jp / TEL : 03-5261-8951 / **FAX : 03-5261-8953**

★ご記入いただいた個人情報は、弊社にて厳重に管理いたします。なお、ご購入いただいた商品発送の他に、弊社発行の書籍案内、書籍に関する調査に使用させていただく場合がございますので、予めご了承ください。※落丁・乱丁以外の理由による商品の返品・交換には応じかねます。

ニチガクの 小学校受験用問題集

分野別・基礎・応用 問題集

ジュニア・ウォッチャー（既刊60巻）

1.点・線図形　2.座標　3.パズル　4.同図形探し
5.回転・展開　6.系列　7.迷路　8.対称　9.合成
10.四方からの観察　11.色々な仲間　12.日常生活
13.時間の流れ　14.数える　15.比較　16.積み木
17.言葉の音遊び　18.色々な言葉　19.お話の記憶
20.見る・聴く記憶　21.お話作り　22.想像画
23.切る・貼る・塗る　24.絵画　25.生活巧緻性
26.文字・数字　27.理科　28.運動観察　29.行動観察　30.生活習慣
31.推理思考　32.ブラックボックス　33.シーソー　34.季節
35.重ね図形　36.同数発見　37.選んで数える　38.たし算・ひき算1
39.たし算・ひき算2　40.数を分ける　41.数の構成
42.一対多の対応　43.数のやりとり　44.見えない数　45.図形分割
46.回転図形　47.座標の移動　48.鏡図形　49.しりとり
50.観覧車　51.運筆①　52.運筆②　53.四方からの観察-積み木編-
54.図形の構成　55.理科②　56.マナーとルール　57.置き換え
58.比較②　59.欠所補完　60.言葉の音（おん）　（以下続刊）

★出題頻度の高い９分野の問題を、さらに細分化した分野別の入試練習帳。基礎から簡単な応用までを克服！

1話5分の 読み聞かせお話集①
1話5分の 読み聞かせお話集②

★入試に頻出のお話の記憶問題を、国内外の童話や昔話、偉人伝などから選んだお話と質問集。学習の導入に最適。

お話の記憶問題集 －初級・中級・上級編－

★お話の記憶問題のさまざまな出題傾向を網羅した、実践的な問題集。

まいにちウォッチャーズ 小学校入試段階別ドリル（全16巻）

導入編：Lv. 1～4　練習編：Lv. 1～4
実践編：Lv. 1～4　応用編：Lv. 1～4

★巧緻性・図形・数量・言語・理科・記憶・常識・推理の８分野が１冊で学べる。１冊に32問掲載。全16段階のステップでムラのない学習ができる。

新 口頭試問・個別テスト問題集

国立・私立小学校で出題された個別口頭形式の類似問題に面接形式で答える個別テスト問題をプラス。35問掲載。

新 ノンペーパーテスト問題集

国立・私立小学校で幅広く出題される、筆記用具を使用しない分野の問題を40問掲載。

新 運動テスト問題集

国立・私立小学校で出題された運動テストの類似問題35問掲載。

ガイドブック

小学校受験で知っておくべき125のこと／新 小学校の入試面接Q&A

★過去に寄せられた、電話や葉書による問い合わせを整理し、受験に関するさまざまな情報をQ&A形式でまとめました。これから受験を考える保護者の方々必携の１冊です。

新 小学校受験のための願書の書き方から面接まで

★各学校の願書・調査書・アンケート類を掲載してあります。重要な項目については記入文例を掲載しました。また、実際に行なわれた面接の形態から質問内容まで詳細にわたってカバーしてあり、願書の記入方法や面接対策の必読書です。

新 小学校受験 願書・アンケート文例集500

★願書でお悩みの保護者に朗報！ 有名私立小学校や難関国立小学校の願書やアンケートに記入するための適切な文例を、質問の項目別に収録。合格をつかむためのヒントが満載！ 願書を書く前に、ぜひ一度お読みください！

小学校受験に関する保護者の悩みQ&A

★受験を控えたお子さまを持つ保護者の方約1,000人に、学習・生活・躾などに関する悩みや問題を徹底取材。その中から厳選した、お悩み200例以上にお答えしました。「ふだんの生活」と「入試直前」のアドバイスの２本立てで、お悩みをスッキリ解決します。

基礎力アップトレーニングシリーズ3
比較力アップ

発行日　2024年２月22日
発行所　〒162-0821 東京都新宿区津久戸町 3-11-9F
日本学習図書株式会社
電　話　03-5261-8951 ㈹

詳細は http://www.nichigaku.jp　日本学習図書　検索

ISBN978-4-7761-3145-8
C6037 ¥1500E
定価　本体1,500円＋税

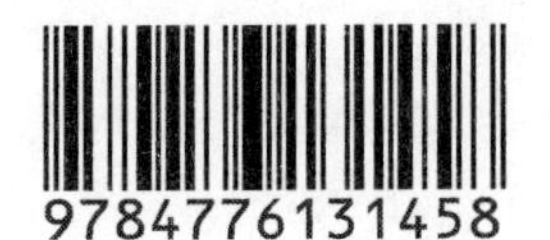

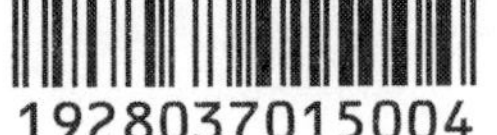